LN-TOURISTIKFÜHRER

»airtours international«

Touristikführer sind kompakte,
dliche und trotzdem inhaltsreiche
rmationsmittel für all jene, die sich mit
em künftigen Reiseziel besonders gut vertraut machen wollen. Die unterhaltsame Lektüre vermittelt dem Leser nicht nur Fakten und Daten, sondern auch »Atmosphärisches«, weckt Vorfreude auf Urlaubserlebnisse, stimmt auf die besonderen Gegebenheiten der Zielregion ein. LN-Leser reisen mit dem sicheren Gefühl des Kundigen, können ihren Aufenthalt optimal planen und nutzen.

LN-Touristikführer sind erzählte Reiseerfahrungen. Sie schildern die Zielregion aus der Sicht eines Autors, der sich seinem Thema persönlich verbunden fühlt. LN-Autoren kennen das beschriebene Reiseziel aus langjähriger enger Beziehung und wissen ihren Lesern dessen Reize und Vorzüge, aber durchaus auch dessen Probleme nahezubringen.

LN-Touristikführer werden für die Bedürfnisse eines aufgeschlossenen Reisepublikums konzipiert. Europas größter Reiseveranstalter für individuelle Flugreisen mit Linienmaschinen – »airtours international« – stellte seine Mitarbeit zur Verfügung. Zusammen mit diesem Spezialisten für den modernen Urlaub bemühen sich Autor und Verlag um objektive, aktuelle und umfassende Unterrichtung und Beratung.

LN-Touristikführer sind nicht zuletzt nützliche Reisebegleiter. Übersichtliche Kapitelgliederung, die »gelben Seiten« und das detaillierte Register machen Einzelinformationen ebenso leicht auffindbar wie in einem Nachschlagewerk, belassen sie aber in ihrem Sinnzusammenhang – ein Prinzip, das bislang weit mehr als 4 Millionen Reisende zufriedenstellte.

ISCHIA 18

kennen und lieben

Die grüne Ferieninsel
im Golf von Neapel

VON HORST FUCHS

LN-VERLAG LÜBECK

LN-TOURISTIKFÜHRER 18

Umschlagbild: Castello Aragonese
(Foto: Zentrale Farbbild Agentur)

Bild gegenüber Titel: Fungo, der Pilz von
Lacco Ameno (Foto: Bernt Federau)

Farbaufnahmen auf den Seiten 65–80:
Gottfried Aigner (4), M. Bruns (4),
ENIT (1), Bernt Federau (3),
Silvestris (2), Walter Storto (6)

Weitere Fotos: M. Bruns (3), ENIT (3), Bernt Federau (4),
Horst Fuchs (3), Karl-Heinz Löding (4), Walter Storto (6)

Kartographie: H. Schultchen, Hamburg

7. Auflage 1989

ISBN 3-87498-236-X

Hier finden Sie's

Diese Insel

Eigentlich ist es schwer zu verstehen, weshalb diese Insel so viele Jahre von der Umwelt vergessen gewesen zu sein schien; genauso schwer wie die Tatsache, daß vor zweitausend Jahren ein römischer Kaiser sie gegen das viel kleinere und mühseliger zu begehende Capri an die Neapolitaner abtrat. Es läßt sich vermuten, daß die Neapolitaner bereits damals Meister im Tauschhandel waren und auch bei diesem Geschäft nicht schlecht abschnitten. Aber Julia, die Tochter des Kaisers, wünschte sich dieses Geschäft, und gewiß war Augustus ein Familienvater, der Ruhe in der Sippe haben wollte.

Ischia hat alle Vorteile einer Insel und geht den Nachteilen, die sich aus solchen Gegebenheiten zuweilen ergeben, aus dem Wege. Mit anderen Worten: Die Insel führt in mancherlei Hinsicht ihr eigenes Leben. Sie kann die ganze Welt hinter sich lassen, es sei denn, die Inselbewohner meinen, daß sich die Welt ausschließlich um Ischia herumgruppiert.

Andererseits liegt diese Insel nicht zu abseits. Das Festland bleibt immer in Sichtweite, ein Gefühl der Abgeschiedenheit, der Isoliertheit, des Nichtdabeiseins kommt nicht auf. Wenn es dunkel geworden ist, sieht man deutlich genug die Lichter von drüben, vom Kap Miseno und Nisida, die schon zum großen Neapel gehören.

Auch eine etwaige Seekrankheit auf der Überfahrt braucht nicht länger als eine halbe Stunde zu dauern.

Warum also mußte erst ein deutsches Touristikunternehmen nach dem Kriege auf die Idee kommen, Ischia für die reisende Menschheit zu entdecken?

Es gibt ein paar Gründe. Ein gewichtiger scheint die Nacht vom 28. zum 29. Juli 1883 zu sein, als innerhalb von sechzehn Sekunden in Casamicciola über eintausend Häuser einstürzten, mehr als zweitausend Menschen getötet und achthundert schwer verwundet wurden. »Ischia hat für immer aufgehört zu sein«, hieß es in einer Broschüre, die nach der Katastrophe in Wien erschien.

Daß in den folgenden Jahrzehnten die Insel fast vergessen wurde, mag aber auch mit an den Bewohnern der Insel selbst gelegen haben. Sie hatten auch früher nicht alle ihre Quellen genutzt; immerhin waren die ersten, die so eine Art Kurbetrieb aufzogen, Fremde aus Griechenland gewesen. Und noch heute, da sie gelernt haben, Nutzen aus den Taschen der Fremden zu ziehen, gibt es kaum Wegweiser auf der Insel, dafür allerdings wenigstens und glücklicherweise Speisekarten in Hülle und Fülle und deutscher Sprache. Immer blieben die Ischitaner im Hintergrund. Nach den Griechen, die vor beinahe dreitausend Jahren die ersten Bäder nahmen, kamen die Römer, dann die Schwaben, die Spanier, die Franzosen, die Türken, die Engländer, die Österreicher, die Deutschen. Leider kamen all die Scharen keineswegs immer in freundlicher, touristischer Absicht.

Wer jedoch heute als Deutscher seinen Fuß auf die Insel setzt, wird sehr schnell den Drang der Landsleute aus alter Zeit nach dem Süden begreifen. Hier findet er auf einer neun Kilometer langen und fünf Kilometer breiten Hand, die keineswegs hohl ist, die Verwirklichung des Traumes von Sonne und seidiger Luft, üppiger Landschaft, in der man dreimal erntet, von fröhlichem Treiben und Treibenlassen, das nach musikalischem Ausdruck sucht, wenn auch zuweilen vornehmlich mit dem Mittel der Autohupe.

Das alles läßt sich bereits vom Liegestuhl am Strand oder Hotel-Swimmingpool und in deren nächster Umgebung spüren, erleben. Nur Ischia erfaßt man dabei noch nicht. Man dringt in das Wesen dieser Insel nicht mehr ein, als es ein Dankeschön auf reichlich verteiltes Trinkgeld zuläßt.

Natürlich blühen die Blumen am Rande des Schwimmbassins genauso bunt, und die Bananenstaude ist sogar ein zusätzlicher Service, im Preis inbegriffen. Aber Ischia gibt es auch hinter Strand und Schirm, und wie. Nach ein paar Metern kann man in einer anderen Welt sein, in der nicht einmal mehr die Eidechsen davonsausen, nähert man sich ihnen nur vorsichtig und höflich genug.

Wenn es stimmt, daß die Deutschen im Ausland vornehmlich den Reiz des Fremden suchen und selbst in einem Lokal mit dem Namen *Löwenbräu* noch versuchen, ihre drei Brocken Italienisch an den Mann zu bringen, dann müssen sie sich auf Ischia auf einiges gefaßt machen. Der Reiz des Fremden beginnt beim ersten Schritt im Hafen von Porto, wenn die Taxichauffeure um die Neuen buhlen, er ist mitten im Speisesaal zwischen all den Familien aus Mönchengladbach, Braunschweig, Husum und Donaueschingen, wenn die blitzschnellen Angelos und Salvatores die langen Nudeln servieren, er steckt mit Rosen und Jasmin die Nase bis dicht vors Bett im Hotelzimmer. Aber wie schön diese Insel ist, das merkt man vielleicht doch erst, wenn man ein bißchen in die Weinberge klettert, durch die

Kastanienwälder streift, in halbdunkle Weinkeller schaut und das Glas Wein trinkt, das der Bauer anbietet, ohne an Geld zu denken. Dazu gehört auch, von den hohen Felsen über die Kakteen und Oliven hinweg auf die opalisierende See zu blicken oder durch Gassen zu bummeln, in denen zwei Menschen nur mit Mühe aneinander vorbeikommen.

Wie man sich bei solchen Vorhaben zurechtfindet, wie man sich abfindet, wie man die Insel überhaupt findet, ist natürlich eine sehr persönliche Angelegenheit. Aber vielleicht können die folgenden Seiten ein kleiner Ratgeber sein. Nicht absolut verbindlich, versteht sich, denn die Hinweise sind auch ganz und gar subjektiv geschrieben, so subjektiv wie das Erlebnis, in das man sich heute zwischen Mittagessen in Hamburg – dort heißt so etwas ja wohl Börsenfrühstück – und Abendessen in Forio oder Porto – dort nennt sich das *cena* – versetzen, respektive verfliegen lassen kann, um ein paar Wochen später ebenso unvermittelt in die rauhe germanische Wirklichkeit zurückzukehren. Es werden allerhand Erinnerungen unvergessen bleiben. Diese Insel ist in mancher Hinsicht anders als das festländische Süditalien und das große, betriebsame Neapel. Die Bewohner haben ihren eigenen Stolz, Ischitaner zu sein. Der Kellner aus dem Hotel nimmt gern das Trinkgeld während seines Dienstes, aber er weist es von sich, wenn er irgendwo anders, außerhalb, seinem Gast eine Gefälligkeit erweisen kann, ihn etwa im Auto ein Stück mitnimmt. Natürlich werden zu den Erinnerungen auch die typisch italienischen gehören. Die Improvisation in der Organisation, die Gelassenheit vor der stets existenten Frage: Wo wird heute gestreikt? Die Erkenntnis, daß ein paar Strohmatten genügen, um eine brüchige Mauer zu tarnen, die Lautstärke, mit der im Bus scheinbar weltbewegende Probleme erörtert und nicht gelöst werden, das Warten an den Haltestellen. Auch das gehört zum Erlebnis zwischen Hamburg und Forio. Ich glaube fest daran, daß eine Chance dazwischen für alle gleich groß ist: *Ischia kennen- und liebenzulernen.*

Ischia von A bis Z

ANREISE, RÜCKREISE

Autoreisen: Die Länge der Autostrecken nach Neapel beträgt von

Hamburg	2000 km
Berlin	1800 km
Frankfurt	1500 km
München	1150 km

Die Autofahrt läßt sich auf 500 bis 1500 km verkürzen, wenn die ***Autoreisezüge*** der Deutschen Bundesbahn genutzt werden. Diese fahren

nach *Rimini*
von Frankfurt, Stuttgart, München;

nach *Mailand*
von Düsseldorf, Köln, Frankfurt;

nach *Verona*
von Hamburg, Hannover;

nach *Bozen*
von Düsseldorf, Köln, Frankfurt;

nach *Villach*
von Berlin, Münster, Hagen, Düsseldorf, Köln, Frankfurt, Stuttgart;

nach *Salzburg*
von Frankfurt;

nach *Lörrach*
von Berlin, Hamburg, Bremen, Hannover, Düsseldorf, Köln;

nach *München*
von Hamburg, Bremen, Hannover, Düsseldorf, Köln.

Die ***Autofähren*** nach Ischia fahren

von Molo Beverello in Neapel und von Pozzuoli, 20 km westlich von Neapel. Die Verbindung von Pozzuoli ist die schnellste.

Ischias Straßen sind schmal und überfüllt, die Wege oft nur für geländegängige Fahrzeuge risikolos passierbar. Aber man kann sein Auto – wenn man kein Neapolitaner ist – als Tourist mit auf die Insel bringen. Die Gemeindeverwaltungen der Insel versuchen nach Kräften, etwas gegen die verstopften Straßen zu unternehmen. Einwohner von Neapel dürfen die Insel im Sommer nicht mit dem Auto besuchen.

Man braucht die Autobahn, in Italien *Autostrada* genannt, nicht zu verlassen, wenn man von Deutschland nach Neapel fahren will. Das italienische Autobahnnetz erreicht man am Brenner, bei Chiasso an der Schweizer und bei Aosta an der französischen Grenze.

Entfernungen:

Brenner	– Neapel	953 km
Chiasso	– Neapel	806 km
Aosta	– Neapel	878 km
Mailand	– Neapel	756 km
Rom	– Neapel	233 km

Das Fahren auf den italienischen Autobahnen kostet eine *Mautgebühr*. Ihre Höhe richtet sich nach der Länge der gefahrenen Strecke und dem Hubraum des Fahrzeuges. Bei der Einfahrt in die Autobahn muß eine Mautkarte gezogen oder vom Mautner in Empfang genommen werden. Gezahlt wird bei der Ausfahrt, und zwar auch dann, wenn man die Autobahn nur vorübergehend verlassen will. Bei der Weiterfahrt muß eine neue Karte gelöst werden. Wer am Ziel ohne Mautkarte ankommt, muß für die Länge der gesamten Autobahn nachzahlen. Für Personenwagen bis 1372 cm^3 wird eine Gebühr nach Klasse 3 berechnet, für Personenwagen mit mehr als 1372 cm^3 nach Klasse 4. Gebührenbeispiele (1988):

Brenner–Neapel
Klasse 3: 80,– DM
Klasse 4: 90,– DM
Mailand–Neapel
Klasse 3 und 4: 70,– DM.

Eisenbahnverbindungen: Durchgehende Expreßzüge fahren von Stuttgart und München bis Neapel. Es gibt zwei Wege: durch die Schweiz und über den Brenner. Fahrtdauer 18 bis 20 Stunden. Von München verkehren sieben Expreßzüge nach Neapel: *Vesuvio, Marco Polo, Conca d'Oro, Alpenexpreß, Triveneto, Brenner Expreß* und der Pfeil der beiden Meere = *Freccia Dei Due Mare.*

Die Fahrzeiten nach Neapel betragen von

Dortmund	24 Stunden
Frankfurt	22 Stunden
Hamburg	26 Stunden
Hannover	24 Stunden
Köln	22 Stunden
München	17 Stunden
Nürnberg	19 Stunden
Stuttgart	20 Stunden

Flugreisen: Lufthansa und Alitalia fliegen täglich von Frankfurt – mit einem Stopp in Rom – in drei bis vier Stunden nach Neapel. Charterflüge gibt es von nahezu allen größeren deutschen Flughäfen. Ein Charterflug von Hamburg nach Neapel dauert zweieinhalb Stunden.

Innerhalb Italiens erreicht man Neapel – sein Flughafen heißt *Napoli Capodichino* – von allen anderen italienischen Flughäfen, am häufigsten von Mailand und Rom. Der Flug von Rom dauert nur 25 Minuten.

Auch in Italien wird Flughafengebühr verlangt. Sie ist im Flugpreis inbegriffen.

Von Neapel zur Insel: Die Seestrecke von Neapel nach Ischia ist 30 km lang. Die ***Fährschiffe,*** die auch Autos befördern, benötigen dafür 90 Minuten, Tragflächenboote und Katamarane von Mergellina, schnelle Motorboote und Katamarane von Pozzuoli – alle nur für Passagiere – weniger als eine Stunde.

Nur zehn Minuten dauert die Überquerung, wenn man mit einem ***Helikopter*** der privaten Fluggesellschaft Eli Ambassador vom Flughafen Neapel zum Eliporto A Castagna in Casamicciola fliegt. Pro Maschine dürfen nicht mehr als vier Passagiere mitfliegen. Rechtzeitige Buchung ist erforderlich, entweder bei Ischia Tourist oder direkt: Tel. Neapel (0 81) 7 89 62 73/74 und Ischia (0 81) 99 64 54. Ein Flug kostet etwa 200,– DM pro Person.

Die Autofähren legen von *Molo Beverello* nahe dem Überseehafen *Stazione Marittima* oder zehn Kilometer weiter westlich in *Pozzuoli* ab, die Tragflächenboote von *Mergellina.* Sie verkehren von etwa 7 bis 19 Uhr.

Die Reisegesellschaften befördern ihre Gäste vom und zum Flughafen Capodichino mit Bus oder Taxi.

Autofahrer fahren am schnellsten und sichersten über die Autobahn »Tangenziale«: nach Beverello über die Ausfahrt »Porto« und nach Pozzuoli über die Ausfahrt »Via Campana«. Sonntagnachmittags, wenn der FC Neapel Fußball spielt, kann man die Fahrt durch die Stadt und am Hafen entlang wagen. Alles ist dann menschenleer, auch von jenen Typen, die sich am Hafen zu intensiv für das Gepäck der Besucher aus dem Ausland interessieren. Man sollte es nie aus dem Auge lassen, besser noch ist ständige Kofferberührung.

Die Weiterfahrt vom Hafen Porto auf Ischia zu den Hotels ist gut organisiert. Busse und Taxis stehen ausreichend zur Verfügung. Beim Anheuern eines Taxis ist es zweckmäßig, sich den Preis vorher nennen zu lassen. Feilschen ist nicht üblich.

Das Gepäck wird vom Flughafen Neapel direkt ins Hotelzimmer befördert, wo es, wenn alles klappt, ein bis zwei Stunden nach der eigenen Ankunft auftaucht.

Zollbestimmungen: Zollfrei bei Einfuhr sind zwei Fotoapparate, eine 8-mm- oder 16-mm-Kamera mit zehn Filmen, ein Fernglas, ein Plattenspieler, ein Tonbandgerät mit Zubehör, ein Kofferradio. Für ein Fernsehgerät muß eine geringe Gebühr gezahlt werden. Frei ist je ein Musikinstrument (ob Geige, Posaune, Pauke oder Klavier), eine Schreibmaschine, ein Kinderwagen, natürlich alles, was zum Camping oder zum Sporttreiben gehört, ein Boot bis 5,50 Meter Länge, ein Paar Ski – was im Falle Ischia wohl nur für solche Liebhaber zu empfehlen ist, die zwar Ski, aber nicht das Skilaufen lieben, denn das kann man auf der Insel nicht, auch nicht auf dem Schnee, der tatsächlich im Winter manchmal auf den Epomeo herabrieselt.

Weiter: zwei Tennisschläger sind erlaubt, ein Fahrrad ohne Motor oder mit einem Motor, der nicht mehr Hubraum hat als 50 ccm, in Worten fünfzig Kubikzentimeter.

»Reisebedarf für den persönlichen Gebrauch« darf vorübergehend zollfrei eingeführt werden. Dazu gehören:

1,5 Liter Spirituosen über 22% oder 3 l unter 22% oder 3 l Sekt und 5 l sonstiger Wein;
300 Zigaretten oder 150 Zigarillos oder 75 Zigarren oder 400 g Tabak;
1000 g Kaffee oder 400 g Kaffeeauszüge;
200 g Tee oder 80 g Teeauszüge.
Alkoholische Getränke und Tabak sind nur für Personen über 17, Kaffee nur für Personen über 15 Jahre zugelassen.
Videogeräte müssen bei der Einreise deklariert werden.
Fremde Währungen und *italienisches Geld* dürfen unbegrenzt eingeführt werden; ausgeführt werden darf italienisches Geld aber nur bis zu 1 Million Lire. Werden mehr fremde Währungen als im Gegenwert von 5 Millionen Lire (ca. 7000 DM) ausgeführt, muß der gesamte Betrag bei der Einreise deklariert werden.

Die Ausfuhrbestimmungen sind unkomplizierter: Waren bis zu 500 Dollar kann man mitnehmen, Kunstgegenstände und Antiquitäten allerdings nur mit einer Bescheinigung des Ausfuhrbüros der italienischen »Kunstkammer«, der *Soprintendenza alle Belle Arti.*
Das Fünfhundert-Dollar-Paket darf man nun zwar aus Italien ausführen, aber nicht zollfrei in die Bundesrepublik einbringen. Hier gelten für die Heimkehrer diese Regeln:
Waren, die eine Person aus Italien mit sich bringt und die nicht kommerziellen Zwecken dienen – deshalb zolltechnisch auch Mitbringsel genannt –, bleiben bis zu 460 DM abgabenfrei. Zigaretten werden jedoch nur bis zu einer Menge von 300 Stück abgabenfrei zugelassen oder 75 Zigarren oder 400 g Rauchtabak oder 150 Zigarillos. Dabei ist beachtenswert, daß für den deutschen Zoll ein Zigarillo eine Zigarre ist, die nicht mehr als drei Gramm wiegt.
Weiter gehen ohne zusätzliche Zahlungen durch den Zoll, wenn man mindestens 17 Jahre alt ist: 1,5 Liter Spirituosen oder drei Liter Spirituosen, deren Alkoholgehalt unter 22 Prozent liegt, oder drei Liter Sekt oder Likörwein und vier Liter Wein.
Auch das ist noch erlaubt: 75 Gramm Parfüm, 0,375 Liter Toilettenwasser, 750 Gramm Kaffee und 150 Gramm Tee. Das alles gilt pro Kopf, wenn der betreffende Kopf älter als fünfzehn Jahre ist.

Hunde und ***Katzen*** müssen ein *tierärztliches Gesundheitszeugnis* haben, das nicht älter als 30 Tage alt ist, und eine *Tollwutimpfbescheinigung,* die mindestens 20 Tage und höchstens 11 Monate vor Einreise ausgestellt wurde. Maulkorb und Leine müssen mitgeführt werden.

BEHÖRDEN

Diplomatische Vertretungen:

In der Bundesrepublik:

Italienische Botschaft
Karl-Finkelnburg-Straße 51
5300 Bonn-Bad Godesberg 1
Telefon (02 28) 36 40 15

Konsularabteilung
Siebengebirgsstraße 1
5300 Bonn-Bad Godesberg 1
Telefon (02 28) 36 40 15

Generalkonsulate in Berlin, Frankfurt, Hamburg 1, Köln 41, München 80, Stuttgart.
Konsulate in Dortmund, Freiburg, Hannover, Nürnberg, Saarbrücken.

In der Republik Österreich:

Botschaft
Rennweg 27
1030 Wien
Telefon (02 22) 72 51 21

Generalkonsulate in Innsbruck, Klagenfurt, Konsulate in Graz, Wien.

In der Schweiz:

Botschaft
Elfenstraße 14
3000 Bern
Telefon (0 31) 44 41 51

Generalkonsulate in Basel, Genf, Lausanne, Lugano, Zürich. Konsulate in Bern, Chur, St. Gallen.

Vertretungen der Bundesrepublik Deutschland in Italien:

Botschaft
Rom
Via Po 25 c
Telefon (06) 86 03 41/5

Generalkonsulate:

Neapel, Via Crispi 69,
Telefon (0 81) 68 33 93

Genua, Via San Vincenco 4/28,
Telefon (0 10) 59 08 41

Mailand, Via Solferino 40,
Telefon (02) 6 55 44 34

Polizei: Es gibt vier verschiedene *Polizia:*

Polizia municipale – die Ortspolizei. Sie kümmert sich um den Verkehr innerhalb der Ortschaften.

Polizia del stato – die weiß gegürtete Staatspolizei überwacht den Verkehr außerhalb der Orte.

Guarda di finanza – die Steuerfahnder (siehe Absatz »Steuer«).

Carabinieri – die Gesetzeshüter mit dem Dreispitz sind für übergeordnete Aufgaben zuständig. Das wird von den Bürgern mit Respekt anerkannt; einem richtigen Carabiniere sieht man den Stolz an, zu dieser Truppe zu gehören.

Steuer: Die korrekte Erfüllung der Steuerpflicht der Bürger überwacht in Italien die »Finanzpolizei«. Ihre Augen ruhen auch auf Touristen. Jedermann, auch ein Ausländer, muß im Restaurant, beim Friseur, Pelz-, Juwelen- und Souvenirhändler eine detaillierte Quittung nach vorgeschriebenem Muster verlangen. Die Finanzpolizei kann das vor dem Restaurantausgang kontrollieren. Sie *kann.* Der Tourist, der ohne Quittung ertappt wird, darf bis zu 50 000 Lire Bußgeld zahlen, der Geschäftsinhaber wesentlich mehr.

ELEKTRISCHER STROM

220 Volt Wechselstrom. Gegebenenfalls die besonderen Hinweise in den Hotelzimmern beachten. Falls die eigene Ausrüstung nicht mit der Steckdose zusammenpaßt, frage man nach einer *presa elettrica,* einem Stromanschluß; wenn die Voltstärke nicht stimmt, nach einer *riduzione.*

ESSEN UND TRINKEN

Restaurants: Viele Namen gibt es für jene Stätten, die in anderen Ländern unter dem Einheitsbegriff Restaurant laufen. Das *Ristorante* bietet die große Speisekarte, *Restauro* ist mehr eine Raststätte, die *Osteria* ein Dorfkrug, die *Trattoria* eine Gastwirtschaft. Die *Baccana* ist eine Weinkneipe im Freien, in der *Pizzeria* gibt es nicht immer nur Pizza. Eine *Bar* ist meist eine Kaffeestube, besser eine Espressobar, die Hotelbar nennt man *Americanbar,* die Tanzbar heißt oft *Nightclub* (siehe auch Seite 115). Beim Besuch eines Restaurants, in dem die Tische zum Essen, besser Speisen, eingedeckt sind, sollte man bedenken, daß hier nach italienischer Sitte mit einem Gast gerechnet wird, der drei Gänge bestellt, und zwar italienische Gänge. Wünscht er sich »Pommes«, was für einen Ischitaner ein exotisches

Nahrungsmittel ist, kann es passieren, daß diese als Sonderanfertigung recht teuer werden (*patate fritte* – siehe Seite 39). Außerdem muß er mit *coperto* rechnen. Coperto heißt, daß nicht nur für das Essen, sondern auch für das Gedeck gezahlt werden muß. So ist es in allen feineren Restaurants üblich.
Sollte das Fischgericht sehr preiswert angeboten werden, empfiehlt es sich, nachzuprüfen, ob hier etwa der Preis pro 100 Gramm gemeint ist. Man darf auch nicht ungeduldig werden, wenn es etwas länger dauert. Das Essen wird frisch zubereitet, das kostet insbesondere bei Fisch seine Zeit. Durstige tun gut daran zu bedenken, daß für dasselbe Getränk unterschiedliche Preise berechnet werden, wenn man an einem Tisch Platz nimmt oder an der Bar stehenbleibt (Stehenbleiben ist billiger).

Preise 1989:

1 Fl. Ischia-Wein	ab 12 DM
1 Fl. Bier	3,00 DM
1 Fl. Wasser	2,50 DM
1 Espresso	2,25 DM
1 Longdrink	6,00 DM
1 Likör	4,50 DM

Trinkwasser: Das Wasser auf Ischia ist trinkbar. Es kann aber sein, daß es vorübergehend knapp wird. Dann versorgen manche Hotels ihre Gäste aus eigenen Zisternen und verwenden in verschiedenen Bereichen Wasser, das nicht trinkbar ist. Darauf wird in jedem Fall deutlich hingewiesen. Zum Essen ist Acqua Minerale zu empfehlen. Es schmeckt hervorragend und ist nicht teuer.

GEFAHREN

Kriminalität: Zu den Souvenirs, die den Ischia-Besuchern in den Schaufenstern angeboten werden, gehören Handtaschen in reicher Auswahl und zu erstaunlichen Preisen – womit sowohl niedrige als auch hohe Summen gemeint sind. Mancher Touristin sieht man es an, daß sie ihre schicke Tasche auf der Insel gekauft hat. Ihr ist allerdings zu raten, die Tasche an Wochenenden beim Bummel nicht ungesichert am Arm hängen zu lassen. An diesen Tagen kommen sehr viele Besucher vom benachbarten Neapel herüber. Manche von ihnen könnten an einem Souvenir interessiert sein, das sie sich auf ihre Weise beschaffen. Das ist der Grund, weshalb man manche Ischitanerin und auch erfahrene Touristin dann statt mit einer Tasche mit einer Plastiktüte spazierengehen sieht.

Wichtiger Hinweis:
Italienreisende sollten Wertgegenstände besser an sicherem Ort zu Hause lassen oder es jedenfalls den Dieben und Räubern auf offener Straße oder anderswo nicht zu leicht machen. Umhängetaschen sind schnell vom Arm abgeschnitten. Wenn überhaupt, sollte man sie nicht an der Fahrbahnseite tragen. Allerdings gelten diese Ratschläge mehr für die Anreise nach und Abreise von Ischia. Auf der Insel lebt es sich auch in dieser Hinsicht viel sicherer.

Hotelhaftung: Die Gastgeber empfehlen, Wertgegenstände, auch Bargeld, im Hotelsafe zu hinterlegen – wofür nichts berechnet wird. Für Diebstähle aus dem Zimmer oder dem übrigen Hotelbereich wird nicht gehaftet.

Fundsachen: Am wirksamsten hilft in der Regel der Hotelportier. Ein offizielles Fundbüro hat die Omnibusgesellschaft S.E.P.S.A. in Porto, Via Mazzella, Telefon 99 18 08.

Waldbrände: Die Gefahr ist groß. In den trockenen Sommern brennen die Dornensträucher wie Zunder. Alarmruf bei Entdeckung eines Brandes: 0 81 – 32 51 91/2/3.

GELD

Im Laufe der Jahrzehnte nach dem Krieg gewöhnten sich die Italiener an große Zahlen auf ihren Geldscheinen. Immer wieder wurde diskutiert, erörtert, sogar beschlossen, die Nullen bei den Lire abzuschaffen und zu einer Lire zurückzukehren, die sich aus 100 Centesimi zusammensetzt. Die Hoffnungen auf die Neue Lira richten sich auf das Jahr 1993, falls der Binnenmarkt der Europäischen Gemeinschaft Wirklichkeit wird. Manche befürchten, daß dann die Preise steigen werden. Zitat eines führenden Mannes der Wirtschaft auf Ischia: »Wie sollen der Mann, der am Hafen seine Fische verkauft, und die Frau mit dem Obstkorb plötzlich statt 2000 Lire nur 2 Lire nehmen? Werden die beiden nicht lieber 3 Lire sagen, ohne zu merken, daß dies eine Preissteigerung von 50 Prozent ist?« Der *Kurs* der alten Lira war bei Drucklegung: 1000 Lire = 1,40 DM, 1 DM = 714 Lire.

Banken: Im allgemeinen sind die Banken montags bis freitags von 8.30 Uhr bis 13.30 Uhr geöffnet. Für den Geldwechsel gibt es außerdem Wechselstuben. Tauschen kann man auch in Hotels. Der Kurs kann dann etwas ungünstiger sein. Eurocheques werden bis zu 350 000 Lire eingelöst.

GOTTESDIENST

Ein katholischer Gottesdienst in deutscher Sprache findet im Sommer jeden Sonntag um 18 Uhr in der Kirche am Hafen von Porto statt.

INFORMATIONEN

Ein offizielles Informationsbüro, das *Ufficio Informazioni,* liegt am Hafen in Porto, wo auch sehr viele Reisebüros ihren Sitz haben. Weitere Touristbüros gibt es in Casamícciola an der Piazza Marina, in Lacco Ameno an der Piazza S. Restituta, in Forio an der Piazza Medaglia d'Oro und an der Piazza Marina, in Sant' Angelo an der Piazza Ottorino Troia.

Fremdenverkehrsämter (ENIT):

Berliner Allee 26,
4000 Düsseldorf,
Tel. (02 21) 37 70 35 oder 37 70 36

Kaiserstraße 65,
6000 Frankfurt,
Tel. (0 69) 23 12 13 oder 23 26 48

Goethestraße 20,
8000 München 2,
Tel. (0 89) 53 03 69 oder 53 39 33

Kärtnerring 4,
1010 Wien,
Tel. (02 22) 65 16 39 oder 65 43 74 oder 65 16 30

Uraniastraße 32,
8001 Zürich,
Tel. (01) 27 36 33

3, Rue du Marche,
1201 Genf,
Tel. (0 22) 28 29 22

Via Pretorio 1,
6900 Lugano,
Tel. (0 91) 3 56 66

Fahrpläne: Fahrpläne für die Buslinie auf der Insel und die Schiffsverbindungen zum Festland bekommt man kostenlos. Damit ist allerdings nicht gesagt, daß die angegebenen Fahrzeiten stimmen. Aber man bekommt immerhin einen Eindruck, in etwa welchen Abständen gefahren wird, was für Urlauber eigentlich ausreichen sollte.
Ausländer meinen die ganze Insel, wenn sie Ischia sagen. In den Fahrplänen, Prospekten, auf Karten bedeutet die Angabe Ischia die Gemeinde Ischia-Porto.

MEDIZIN. VERSORGUNG

Ärztlicher Notdienst: für Notfälle, auch nachts und feiertags: Telefon 98 34 99, in Forio: 99 86 55.
Es kann nicht mit aller Sicherheit damit gerechnet werden, daß der Notdienst sofort erreichbar ist.
Das staatliche Krankenhaus Rizzoli in Lacco Ameno hat ein Ambulatorium und sorgt – außer sonntags – für *Erste Hilfe*. Falls Operationen erforderlich sind, wird empfohlen, möglichst in die Heimat zurückzukehren.

Siehe auch Seite 44.

In den ***Apotheken*** sind viele Arzneimittel, für die in Deutschland ein Rezept erforderlich ist, frei erhältlich. Außerdem sind sie meist wesentlich billiger als daheim.

Bäder: Über sechzig Hotels und Pensionen haben Thermalbäder, die von warmen Quellen gespeist werden. Außerdem gibt es neun öffentliche und private Warmbadeanstalten und acht große Thermalgärten mit mehreren Thermalbecken unterschiedlicher Temperatur. Zu allen Bädern gehören Kurmittelabteilungen.

Kuren: Allein schon das Baden in den warmen, mineralhaltigen Thermalbecken, die es überall auf der Insel gibt, ist eine Kuranwendung. Das Wasser lindert Schmerzen, hat heilende Wirkung, ist aber auch für den Körper aggressiv und strengt an, wenn man nicht die von den Ärzten allgemein empfohlenen Regeln beachtet. Man soll sich nicht zu lange im Wasser aufhalten, 20 Minuten genügen. Anschließend soll man mindestens die doppelte Zeit ruhen. Manchem wird der Hausarzt vielleicht sogar eine noch kürzere Badezeit empfehlen.
Die klassischen Kuranwendungen, von den Ärzten verschrieben, kann man in allen öffentlichen Badeanlagen, den großen Thermalgärten und über sechzig Hotels nehmen. Vor Beginn ist eine ärztliche Untersuchung erforderlich. In allen Bädern stehen dafür Badeärzte zur Verfügung, in den Poseidongärten auch eine deutsche Ärztin.
Die auf Ischia angebotenen Mineralbäder, Fangopackungen, Dampfbäder, Trocken- und Unterwassermassagen, Inhalationen, Spülungen sind besonders geeignet gegen Rheuma, Arthritis, Gicht, chronische Nervenentzündungen, Lähmungsnachwirkungen, Fettsucht, Arthrosen, Bandscheibenerkrankungen, Muskel- und Sehnenverletzungen, Nasen- und Rachenkatarrhe, Asthma, gynäkologische Erkrankungen, Venenentzündungen, Zellulitis und für kosmetische Behandlungen. Schon

vor zweitausend Jahren legten sich die Römerinnen mit dem grauen Schlamm Ischias auf Gesicht und Oberkörper in die Sonne.
Ganzjährig geöffnet sind die Kuranlagen in den *Antiche Terme Comunali* in Ischia/Porto, im Hotel *La Pace Terme* und der Pension *Terme Marina* in Lacco Ameno sowie im *Albergo Park Imperial* in Forio.

Kuranwendungen (Preise 1989)

Ärztliche Beratung	35,- bis 100,- DM
im Luxushotel	bis 150,- DM
1 Bad	15,- bis 35,- DM
1 Bad mit Fango	25,- bis 50,- DM
Vollmassage	25,- bis 45,- DM
Teilmassage	20,- bis 30,- DM
Unterwassermassage	30,- bis 50,- DM
Inhalation	15,- bis 25,- DM
Kosmetik	25,- bis 60,- DM

Thermalgärten:

1 ganzer Tag	25,- bis 40,- DM
½ Tag	20,- bis 30,- DM

Dauerkarte für 15 Tage (mit Foto) in den Poseidongärten 400,- DM.

Quellen: Die Quellen sind unterschiedlich warm oder heiß. Diejenigen, die es nur auf dreißig Grad bringen, werden zur Aufwärmung der Schlammpackungen genutzt, die heißeren werden auf Badetemperaturen zwischen 30 und 40 Grad gekühlt. Die aus der Erde dampfenden Quellen nennt man *Fumarolen.* Jede Quelle hat ihre eigene Analyse über die Zusammensetzung. Man kann sie sich vom Quellenbesitzer nennen lassen.

ÖFFNUNGSZEITEN

Die kleinen und großen Läden öffnen und schließen zu recht unterschiedlichen Zeiten. Der auffallendste, für deutsche Urlauber durchaus angenehme Unterschied zu den heimischen »Ladenschlußzeiten« liegt wohl darin, daß die meisten Geschäfte bis abends 22 Uhr geöffnet sind, also dem Vergnügen der Touristen dienen. Dies gilt auch sonntags. Normalerweise wird es zwischen 13 Uhr und 16.30 Uhr oder 17 Uhr und auch vor 9 Uhr nur schwer gelingen, ein geöffnetes Geschäft zu finden.

POST/TELE – MEDIEN

Post: Die Postkästen sind rot und tragen die schlichte Aufschrift »Poste«, manche sind zweigeteilt, dann steht »per l'estero« über der einen Klappe. Diese ist für die Post ins Ausland bestimmt. Briefmarken *(Francobolli)* gibt es nicht beim Postkartenhändler. Am einfachsten ersteht man sie einschließlich der Postkarten beim Hotelportier, der sie auch gern auf die Zimmerrechnung setzt. Außerhalb des Hotels bekommt man sie im Postamt oder bei »Sali e Tabacchi«, dem Händler, der Salz und Tabak verkauft, Waren, die

wie die Briefmarken unter staatlichem Monopol stehen.

Luftpost heißt auf italienisch »posta aèrea«. Die Postämter sind geöffnet von 8.30 bis 14 Uhr und 16 bis 19 Uhr, samstags 8.30 bis 12 Uhr. Sie befinden sich in

Porto, Via Alfredo de Luca,
Ponte, Via Mazella,
Casamícciola, Piazza Marina,
Forio, Piazza Municipio,
Lacco Ameno, Corso Angelo Rizzoli,
Sant' Angelo, in der Ortsmitte
Barano, Piazza San Rocco.

Wer darauf Wert legt, daß seine Ansichtskarte möglichst schnell zu Hause ankommt, sollte sie als Brief, also in einem Umschlag, befördern.

Portosätze 1989:

Brief bis 20 g:	650 Lire
Karte:	550 Lire
Brief bis 50 g:	1350 Lire
Expreßzuschlag:	2500 Lire

Telefon: Nach alter italienischer Art wird auch auf Ischia von den öffentlichen Sprechstellen mit Hilfe von *Gettoni* telefoniert, die man in *Sali e Tabacchi* erwerben kann. Es gibt Wechselautomaten, an denen man Gettoni ziehen kann. Von neueren Telefonzellen kann auch mit Münzen telefoniert werden. In den guten Hotels kann man vom Bett aus Gespräche mit aller Welt selbst wählen.

Aber aufpassen: Hamburg ist hier *Amburgo, Colonia* keine Versicherungsgesellschaft, sondern tatsächlich Köln, *Francoforte* muß Frankfurt am Main sein, *Monaco* ist wirklich München, *Stoccarda* Stuttgart, *Lubecca* Lübeck, *Norimberga* Nürnberg, und den malerischsten italienischen Namen hat wohl das alte Aachen. Es heißt *Aquisgrana*.

Vorwahlnummern für die Bundesrepublik Deutschland: 00 49, Österreich: 00 43, die Schweiz: 00 41. Vorwahl für Ischia: 00 39 81.

Zeitungen: Die großen überregionalen Zeitungen aus der Bundesrepublik Deutschland kann man noch am selben Tag kaufen. Sie kosten etwa 3,– DM. In den Hotels besorgt gern die Rezeption das gewünschte Blatt, das man dann sogar schon nach dem Frühstück lesen kann.

SPRACHE

Wer in einem der Omnibusse der S.E.P.S.A. zwei Menschen miteinander reden hört und trotz seiner guten Italienischkenntnisse nicht versteht, mag beruhigt sein: Auf Ischia wird italienisch gesprochen, auch wenn das manchmal nicht so klingt. Man pflegt seinen eigenen Dialekt, und zwar so sorgfältig, daß es sogar noch auf der Insel Unterschiede zwischen Ost und West, aber auch Nord und Süd gibt.

Dort, wo Touristen bedient werden, klingt allerdings doch das klare Italienisch auf, das dem Laut nach zu den schönsten Sprachen der Welt gehört, auch wenn es so schnell gesprochen wird und gar nicht so schwer zu erlernen ist. Zum Überleben gehören nicht viele Vokabeln, zumal an allen Ecken und Enden der Insel auch deutsch gesprochen wird.

Doch es lohnt sich, einige italienische Worte in den eigenen Sprachschatz aufzunehmen, sie werden als Freundlichkeit aufgefaßt und können auch dazu dienen, Mißverständnisse zu vermeiden. Es ist sehr wohl von Bedeutung, die *Signori* und die *Signore* auseinanderzuhalten, wenn es darum geht, eine Toilette aufzusuchen. Die mit dem *i* sind die Herren, mit *Signore* sind Damen gemeint.

Ein wichtiges Wort ist das Dankeschön: *Grazie,* das mit *tante grazie* zum vielen Dank gesteigert wird und bei *mille grazie* = tausend Dank im Superlativ endet.

Bitte heißt *prego,* wenn man ein Dankeschön beantwortet; bittet man um etwas, so sagt man *per favore.*

Die Begrüßungsformeln richten sich nach der Tageszeit, ein norddeutsches »Mojn« genügt nicht zu allen Uhrzeiten. Morgens sagt man *buon giorno,* mittags auch noch, gegen Abend heißt es *buona sera* und danach *buona notte* = Gute Nacht.

Will man die bekannte Vokabel *arrivederci* – Auf Wiedersehen – anwenden, beachte man, daß man sie genaugenommen Menschen gegenüber verwendet, mit denen man auf vertrautem Fuß steht, sonst heißt es *arrivederla.*

Rückzug aus einer verwirrenden sprachlichen Situation ist immer leicht mit einem *scusi, non capisco* – Verzeihung, ich verstehe nicht – möglich. Dann kann man hinzufügen: *parlate tedesco* – Sprechen Sie deutsch? Der *Tedesco* ist der Deutsche, die Deutschen sind die *Tedeschi,* Deutschland aber ist *Germania.* Vornehmer als das *scusi* ist: *mi dispiace* – es tut mir leid.

Hat man sich verlaufen, läßt sich die Lage vielleicht am einfachsten klären: *Dove è la strada per la spiaggia?* Wo ist der Weg zum Strand? Oft findet man dann gerade in der Einsamkeit Menschen, die hilfsbereit den Verirrten ein Stück begleiten, um ihn auf den rechten Weg zu bringen.

Zur Begrüßung gehört meist auch ein *Come sta, signorina?* Wie geht es Ihnen, mein Fräulein? Die Antwort: *Grazie bene, e Lei?* Danke gut, und Ihnen? Oder: *Sto così così* – es geht mir so lala.

Einige Worte, die vielleicht nach großer Anstrengung zum Überleben angebracht sind:

Una caraffa di vino bianco, per favore. Bitte, eine Karaffe Weißwein. Es kann auch *un bicchiere,* ein Glas, oder *una bottiglia,* eine Flasche, sein.

Wir möchten essen heißt: *vorremmo mangiare,* wir wollen gehen *vogliamo andare,* und ich möchte zahlen erklärt man so: *il conto, per favore.*

Ho pagato bedeutet: ich habe bezahlt. Das *H* wird nicht gesprochen.

Ja heißt *si* und nein heißt *no,* man sollte beides nicht ohne Anhang sagen, also *si Signore* und *no Signora,* oder umgekehrt.

Für Wißbegierige dieser Satz: *Come si dice in italiano?* Wie sagt man auf italienisch . . .?

Nützlich können auch diese Vokabeln sein:

Im Restaurant

Fisch
calamari Tintenfische
dentice Zahnbrasse, ein typischer Mittelmeerfisch
merluzzo Kabeljau, bisweilen auch Seehecht genannt
rombo Steinbutt

Geflügel
tacchino Puter
pollo al forno Brathühnchen

Fleisch
arrosto Braten
cotoletta alla Milanese Wiener Schnitzel
fegato di vitello Kalbsleber
maiale Schwein
manzo Rind

polpettine Fleischklößchen
vitello Kalb

Gemüse
patate rosolate im Ofen gebackene Kartoffelscheiben

Nudeln
Die Grundstoffe sind dieselben, die Beilagen unterschiedlich – wie die Namen, die sich meist auf das Aussehen beziehen
bucatini dicke, durchlöcherte Spaghetti
pennette Federnudeln, angespitzt wie eine Schreibfeder
fusilli Spindelnudel
farfalle Schmetterlinge
gnocchi alla romana Grießnockerln

Getränke
birra speciale darunter versteht man besondere Biere, wie Hefenweize und Weißbier (die nur gewissen Deutschen schmecken, ein Ischitaner findet sie arg fremd)
digestivo Der Verdauungsschnaps nach dem Essen
amaretto Amarischia Kräuterbitter nach dem Rezept ischitanischer Mönche
espresso lungo ein großer Espresso

Am Strand und Schwimmbad
costume da bagno Badeanzug
calzoncini Badehose (calzoni = Hose)
accappatoio Bademantel
asciugamano Handtuch (asciugare = abtrocknen)

Wenn Hilfe not tut
pronto intervento Erste Hilfe, Unfallhilfe
cerotto Heftpflaster
digestione Verdauung
penna a sfera Kugelschreiber
diarrea Durchfall
svenimenti Ohnmacht
incidente Unfall

Beim Friseur
un buon parruchiere ein guter Friseur
lavare e messa in piega waschen und legen
tagliare corto kurz schneiden (gesprochen taljare)
non li tagli troppo nicht zu kurz
schampo colorante Tönung
tinga le ciglia Wimpern färben
pettinare frisieren
fissatore Festiger
bigodino Lockenwickler.

Zwei Wochen dauernde ***Intensivkurse für Italienisch*** werden angeboten im Hotel Jolly in Porto, Via Alfredo De Luca 42, Tel. (0 81) 99 17 44; zwanzig Stunden pro Woche, montags bis freitags, abends, samstags frei. Kosten (1988): 170,– DM.

TIERE

Hunde dürfen zwar geimpft nach Italien eingeführt werden, ob das Hotel oder die Pension jedoch den Hund aufnimmt, ist eine Frage, die man auf jeden Fall vorher klären sollte. Maulkorb und Leine sind für das Hundegepäck vorgeschrieben.

UNTERKUNFT

Hotels: Die Unterkünfte für die Besucher Ischias sind offiziell in fünf Kategorien eingeteilt. Sie reichen von 1 bis 5 Sterne. Fünf bedeutet Luxus. Viele Häuser zeigen ihre Sterne neben dem Hoteleingang.
Im amtlichen Unterkunftsverzeichnis stehen über 300 Häuser, davon sind etwa 120 Hotels – jedes mit Thermalschwimmbad oder Thermalbecken – und fast zwei Drittel Privatpensionen. Sie bieten zusammen über 16 000 Betten an. Die Reisever-

anstalter berücksichtigen bei ihrer Einteilung Hotels in Kategorien auch Merkmale, die sich nicht allein auf statistische Gegebenheiten beziehen. So kann es sein, daß die offiziellen 3 Sterne in ihren Prospekten zu 4 Sternen werden. Diese Angaben sind durchweg zuverlässig. Dennoch kann es auch hierbei innerhalb derselben Sternekategorie erhebliche Unterschiede geben, etwa in puncto Service oder Essen. Die individuelle Art, ein Hotel zu führen, läßt sich nicht »einteilen«.

Die führenden Hotels

In Casamícciola:
Manzi

In Lacco Ameno:
Regina Isabella, San Montano, Augusto, Michelangelo

Am Strand von Maronti:
Parco Smeraldo

In Porto:
Excelsior, Moresco, Punta Molino, Jolly

In Sant' Angelo:
San Michele

Für Forio sind die bürgerlichen Hotels mittlerer Kategorie typisch. Viele deutsche Gäste lieben Forio, das deshalb hier und da auch »der deutscheste Ort Ischias« genannt wird, was durchaus wohlwollend gemeint ist.

Privatpensionen: Gibt es vor allem in Casamícciola. Kriterien für eine gute Pension sind: Oma kocht – Mutter serviert – Vater sitzt in der Rezeption – eigene Therme oder eine gute Therme in der Nähe.

Kinderhotel: Das Hotel Azur Verde, am Strand von Cartaromana, von einer kinderreichen Familie betrieben, nimmt Kinder ohne die Eltern auf und betreut sie.

Ferienwohnungen werden nur wenig angeboten. Adressen gibt es bei Anzienda Turismo di Ischia e Prócida, Ufficio informazioni. Via Jasolino, Ischia (am Hafen), Tel. 99 11 46. Unmittelbar am Marontistrand liegen die Parco Smeraldo Appartamenti.

Camping: Es gibt drei Campingplätze auf Ischia und sechs auf der kleinen Nachbarinsel Prócida.

In Porto:
Camping Internazionale und Eurocamping dei Pini;

Am Strand von Maronti:
Campeggio Mirage;

Auf Prócida:
Punta Serra, Privato Lubrano, Graziella, Vivara, Maresoto und La Carvalla.

Pauschalangebote: Deutsche, österreichische und Schweizer Veranstalter bieten Urlaub auf Ischia pauschal an, d. h. mit Hin- und Rückflug sowie Transfer Flughafen Neapel – Hotel – Flughafen. 14 Tage ab und bis Frankfurt einschließlich Halbpension und Kurtaxe gibt es bei Unterbringung im Doppelzimmer in der Kategorie 1 für 1000,– DM, im Luxushotel der Kategorie 5 kosten sie fast 5000,– DM. Größter Veranstalter ist Ischia Tourist, entstanden aus einer Initiative einiger Hoteliers auf Ischia. Über neunzig Prozent aller Hotels der Insel können bei Ischia Tourist gebucht werden, auch Kombinationen für einen Aufenthalt auf Ischia, Capri, in Sorrent, Positano und Amalfi an der Küste des Golfs von Neapel. Das Programm hierfür kann man sich selbst zusammenstellen. Ischia Tourist sorgt für Transfer und den Gepäcktransport von Ort zu Ort.

Etwa 60 Hotels stehen im Programm von Touropa; mit Airtours gibt es die Möglichkeit, die Insel täglich durch Linienflug zu erreichen. Eine Direktverbindung aus Deutschland gibt es täglich mit Lufthansa ab Frankfurt.
Die meisten Hotels bieten auch Kuren pauschal an; in der Regel gehören dazu 10 Fangopackungen, 10 Thermalbäder und die ärztliche Untersuchung. Preise je nach Hotel zwischen 250,– und 400,– DM.
Die höchsten Preise werden im Mai und September gefordert, den größten Rabatt gibt es Anfang April.
»Sun & Fun« heißt ein Urlaubsprogramm von Ischia Tourist »für Teenies und Twens, die in den Ferien etwas erleben wollen«, in preiswerten Pensionen und Hotels nahe Strand und Disco.

URLAUBSAKTIVITÄTEN

Ausflüge: Einen ersten Überblick über die Insel verschafft man sich am besten bei einer Rundfahrt mit dem Omnibus. Sie dauert etwa drei Stunden. Es gibt Rundfahrtbegleiter, die deutsch sprechen. Die Qualität ihrer Informationen ist unterschiedlich. Die meisten Rundfahrten beginnen am Hafen in Porto. Das Rundfahrtticket besorgt man sich am besten vorher im Hotel oder Reisebüro.
Die Fahrten führen zunächst zu den höchstgelegenen Orten an der Südseite der Insel, dann zur Bucht von Citara, vorbei an Forio und zurück nach Porto auf der Küstenstraße über Lacco Ameno und Casamícciola. Unterwegs gibt es zwei Erfrischungspausen mit Gelegenheiten zum Weinkauf.
Eine Rundfahrt kann man auch auf eigene Faust und für ein Zehntel des Preises mit den Omnibussen der Gesellschaft S.E.P.S.A. erleben, die für den öffentlichen Verkehr zuständig ist.
Am geeignetsten dafür sind die beiden Linien *CS = Circulare Sinistra* und *CD = Circulare Destra.* Beide sind Rundfahrtlinien, die Busse der CS fahren links um die Insel herum (sinistra), die der CD rechts (destra) herum. Dabei ist zu beachten, daß die Ischitaner immer aufs Meer schauen, wenn sie rechts oder links sagen. Die CS verkehrt also von Porto über Casamícciola, Lacco Ameno, Forio, Panza nach S. Angelo und kehrt dann über die südliche Bergstrecke nach Porto zurück, die CD fährt erst über die Berge und an der bevölkerten Nordküste zurück. Die Abstände zwischen den Fahrten betragen eine halbe Stunde.
Ein Panoramablick nach dem anderen wird bei einer Rundfahrt mit dem Boot geboten. Auch diese Fahrten, die es von allen Häfen gibt, dauern etwa drei Stunden.
Sehr zu empfehlen, wenn auch teurer, sind individuelle Rundfahrten mit dem Taxi oder einem kleinen Motorboot – mit dem man dann auch in Grotten an der Küste hineinfahren kann, die von den größeren Rundfahrtschiffen nicht angelaufen werden und die es durchaus mit der berühmten Blauen Grotte von Capri aufnehmen können. Solche Touren vermittelt gern der Hotelempfang oder das nächstgelegene Reisebüro. Der Preis kann für den einzelnen Teilnehmer annehmbarer werden, wenn man sich zu einer kleinen Gruppe zusammenschließt.
Siehe auch Seiten 92 und 98.

Die beliebtesten Ausflüge in die Welt um Ischia herum sind die täglich angebotenen Fahrten nach Capri, mit sechs Stunden Aufenthalt auf der Insel. Wer die Insel erleben will, wenn die vielen Tagesbesucher am Nachmittag wieder verschwunden sind, und eine der seidigen, manchmal auch halbseidenen Nächte studieren will, kann den Ausflug im Reisebüro mit einer Übernachtung buchen. Siehe auch Seite 156.

Weitere Ziele für *Tagesausflüge* mit Schiff, Bus und Reiseführer sind:
Pompeji – Amalfi – Sorrent
Herkulaneum – Paestum
Pompeji – Vesuv
Sorrent – Amalfi – Ravello
Rom (Abfahrt von Ischia/Porto 6 Uhr, Rückkehr 0.40 Uhr, etwa sieben Stunden Aufenthalt in Rom).

Eine *Inselrundfahrt* mit Bus oder Schiff kostet 18 DM, die Ausflüge nach Capri 60 DM, die übrigen 70 bis 85 DM, der Besuch von Rom 150 DM (Preise 1989).
Auch Ausflüge mit Minibus werden angeboten. Der Aufpreis ist relativ gering.
Siehe auch Seite 146 ff.

Strände: Jede Gemeinde auf der Insel hat auch einen Freistrand, auf italienisch »Spiaggia Libera«. Nicht alle zeichnen sich durch besondere Qualität aus. Für die Benutzung eines Liegestuhles muß man auch hier zahlen.

»Oben ohne«: Die Mode, beim Sonnenbaden Busen zu zeigen, hat auch auf Ischia um sich gegriffen. Was früher undenkbar war, die deutschen Damen machten es möglich. Als feine Sitte gilt es nach wie vor aber nicht, schon gar nicht im Kreis der Familie oder im Blickfeld von Kindern.
Wer keinen Wert darauf legt, aufzufallen, wird sich am besten von einem Boot für ein paar Mark in eine der einsamen Buchten bringen lassen, die von Land her weder erreichbar noch einsehbar sind und in denen es die schönsten Sandstrände gibt. Man kann dabei gleich die Rückfahrt bestellen und sich zur gewünschten Zeit abholen lassen.

Wanderungen: In seiner ganzen Schönheit erschließt sich Ischia wohl erst demjenigen, der die Küsten verläßt und in die Berge wandert. Dies ist nicht ganz einfach, weil es an Wegweisern fehlt. Man beachte: Ein Weg in oder durch einen Weinberg, mag er noch so verlockend aussehen, ist immer eine Sackgasse. Die Wege, die zum nächsten Ort führen, erkennt man in der Regel am besten daran, daß es Hohlwege sind, auch wenn sie nur bis zur Wade reichen. Auf jeden Fall versuche man an einer Wegegabel immer herauszubekommen, welches der mehrbegangene Abzweiger ist.
Ihm folge man. Es gibt mehrere Wanderkarten, auch mit deutschen Texten. Die eingezeichneten Wege sind nicht immer so gut befahr- oder begehbar, wie es den Anschein hat. Deutsche »Kompaß-Wanderkarten« gibt es im Maßstab von 1:10 000 und 1:15 000. Brauchbar ist auch die »Neue Topographische Landkarte Ischia und Prócida« von Casa Editrice Lozzi im Maßstab 1:15 150.
Für Wanderungen abseits der großen Straßen sollte man auf jeden Fall festes und rutschsicheres Schuhzeug an den Füßen haben.

Radfahrer: sind auf Ischia eine höchst seltene Erscheinung. Das hat allerdings den Bürgermeister der Gemeinde Ischia 1986 nicht entmutigt, einen weiteren Versuch zu starten, durch den die Autoflut wenigstens etwas eingedämmt werden könnte: Touristen können kostenlos gegen

Hinterlegung ihres Personalausweises tageweise ein Rad beim Custode am Eingang zum Pinienwald Via Michele Mazella gegenüber vom Hotel Parco Verde leihen.

Rundflüge: Ab Casamícciola mit einem kleinen Wasserflugzeug, in dem drei Passagiere Platz haben. Ein Rundflug von 12 Minuten kostet etwa 70,– DM.

Kinos: In Porto: Excelsior, Lucia, Arena Pineta (Freiluftkino).
In Lacco Ameno: Isola Verde, Europeo.
In Forio: Delle Vittorie (mit Freiluftkino), Arena Italia (Freiluftkino).

Nachtleben: An manchen Stellen geht es erst am späten Abend am lebhaftesten zu. Es gibt Nachtklubs, doch am schönsten ist es für viele Urlauber und Italiener nachts im Freien auf den Straßen und Plätzen. Die belebtesten nächtlichen Treffpunkte sind die Via Roma und der Hafen von Porto, vor allem dessen rechte Seite, „Rive Droite“ genannt, in Casamícciola, Lacco Ameno und Sant'Angelo die Piazza, in Forio der Hafen.

VERKEHR

Manche träumen vom autofreien Ischia. Vielleicht sogar der Bürgermeister, der einiges verordnet hat, was in diese Richtung zielt. Im Sommer dürfen nach Ischia keine Autos aus Neapel und Umgebung übergesetzt werden, an den Wochenenden überhaupt keine mit italienischer Nummer. Nur Ausländer haben dann noch das Vorrecht, hier Auto zu fahren wie die Ischitaner selbst. Mancher Neapolitaner, so heißt es, schickt deshalb sein Auto rechtzeitig im Frühjahr zur Insel – oder transportiert es in einem Möbelwagen.
Auch die Fahrer der vielen Motorroller soll es treffen. Sie dürfen sie nach dem Willen des Bürgermeisters nur auf dem Weg zur und von der Arbeitsstätte benutzen. Es muß sehr viele Ischitaner geben, die Tag und Nacht ständig zwischen diesen beiden lebenswichtigen Orten hin und her fahren.
Also wird das autofreie Ischia noch lange ein Traum bleiben. Bis dahin gilt: Auf den Straßen herrscht ein buntes, oft turbulentes Treiben, bei dem nichts besonders übelgenommen wird, selbst dann nicht, wenn jemand lautstark auf seine Rechte im Verkehr hinweist.
Die individuellste Art der Fortbewegung von einem Ischia-Ort zum andern bleiben die eigenen Füße und das eigene Auto. Die Grenzen für eine sinnvolle Nutzung beider Bewegungsarten auf der Insel werden durch enge Straßen, viele, viele Kurven und Mangel an Parkplätzen für das Auto sowie durch die hohen Temperaturen für die eigenen Füße gezogen.
Trotzdem bleibt beides reizvoll, und wer das eigene Auto nicht mit über die Alpen gebracht hat, kann sich getrost ein Fahrzeug auf der Insel mieten. Das wird im Normalfall kleiner sein als das daheimgebliebene, und gerade das ist auch für die idyllischen Straßenausmaße richtig.

Die billigsten fahrbereiten Autos kosten pro Tag ungefähr 30,– DM, die teuren das Doppelte. Ein Kilometergeld wird nicht genommen, nur tanken muß man selbst. Wer gleich für mehrere Tage mieten will, sollte einen Sonderpreis aushandeln. Es ist aber fraglich, ob es so verlockend ist, für die paar Kilometer Straße ein

Auto für längere Zeit zu mieten. Auch Motorroller kann man leihen. Feste Bootslinien gibt es nicht, lediglich nachmittags um drei Uhr starten in Porto ein paar Rundfahrboote. Die Rundfahrt dauert – mit einer Stunde Aufenthalt in Sant' Angelo – ebenfalls drei Stunden. Bootsrundfahrten gibt es auch von S. Angelo, Casamícciola, Lacco Ameno und Forio.

Um die schönen Grotten, die merkwürdigen Steine vor der Küste, die steilen Felswände, auch manche verschwiegene Bucht bestaunen zu können, sollte man sich ein Boot mieten. Die Fischer bieten sie und sich als freundliche Führer dazu an. Auch hier gilt: Preis vorher aushandeln.

Leihwagen:

In Casamícciola:

Barbieri Salvatore,
P. Marina, Telefon 994381

Rentcar Di Meglio,
Via T. Morgera, Telefon 995222

In Forio:

Davidauto,
Via G. Mazella 84, Telefon 998043

In Ischia/Porto:

Di Meglio Pierino,
Corso V. Colonna, Telefon 991275

Mazella Ferdinando,
Via F. D'Avalos, Telefon 991141

Rentcar Ischia,
Via A. De Luca, Telefon 992444

Verkehrsvorschriften: Es ist ratsam, die Geschwindigkeitsbeschränkungen auf den italienischen Autobahnen zu beachten. Für zu schnelles Fahren werden Bußgelder bis zu 1300,– DM verhängt. Durch die mit Uhrzeit gestempelten Mautzettel läßt sich die gefahrene Geschwindigkeit leicht überprüfen.

Im Sommer und in den Wochen um Feiertage sind während des ganzen Jahres 110 km/h ***Höchstgeschwindigkeit*** vorgeschrieben. In der übrigen Zeit gelten auf

Landstraßen	
PKW bis 599 ccm	80 km/h
PKW 600 bis 900 ccm	90 km/h
PKW 901 bis 1300 ccm	100 km/h
PKW über 1300 ccm	110 km/h
Autobahnen	
PKW bis 599 ccm	90 km/h
PKW 600 bis 900 ccm	110 km/h
PKW 901 bis 1300 ccm	130 km/h
PKW über 1300 ccm	140 km/h

Auch das ist beachtenswert:

Pkw mit Anhänger: außerhalb der Ortschaften 80 km/h, auf Autobahnen 100.

Bei guter Straßenbeleuchtung nur Standlicht.

In Tunnels und Galerien immer Abblendlicht.

Vor dem Anhalten muß man blinken.

Privates Abschleppen auf Autobahnen ist verboten.

An gelb-schwarz markierten Bordsteinen ist Parken verboten. Gegen Falschparker wird energisch vorgegangen. Den Rädern ihrer Autos werden »Krallen« angelegt, oder die Nummernschilder werden abgeschraubt. So wird man gezwungen, bei der nächsten Polizeiwache höflich um Hilfe zu bitten. Das trifft auch die Ausländer. Vorbei ist die Zeit, in denen man »Knöllchen« unbeschadet wegwerfen konnte.

Der ***Straßenhilfsdienst*** des italienischen Automobilclubs ACI ist in ganz Italien unter der Telefonnummer 116 zu erreichen. Die Pannenhilfe ist mit Benzingutscheinen oder dem ADAC-Auslands- bzw. Euroschutzbrief gebührenfrei.

Bei Schadensfällen wird die Internationale Grüne Versicherungskarte verlangt. Einen deutschsprachigen *Notrufdienst* hat der ADAC zusammen mit dem ACI eingerichtet. In Rom ist er unter der Nummer (06) 495 4730 zu erreichen.

Polizeinotruf und ***Unfallrettung:*** Telefon 113.

Benzinpreise (1989):

Normalbenzin	
86– 88 Oktan	1,77 DM
Superbenzin	
98–100 Oktan	1,90 DM
Bleifrei	
95 Oktan	2,— DM
Diesel	1,— DM

Gutscheine für verbilligtes Benzin (um etwa 15%) werden vom ADAC, beim AvD und an den Grenzübergängen verkauft. Auf Ischia können sie in Benzinbezugsscheine umgetauscht werden beim ACI in Casamícciola, Via Principe Tommaso 2, Telefon 995072. Das Mitführen von Reservekraftstoff ist verboten, ebenso – aus Sicherheitsgründen – das Auffüllen von Kanistern an den Tankstellen.

Mit den Benzingutscheinheften kann man nicht nur tanken, sondern auch weitere Dienstleistungen kostenlos in Anspruch nehmen.

Jeder Besitzer eines Benzingutscheinheftes, dessen Wagen länger als 12 Stunden in eine Werkstatt muß, bekommt vom italienischen Automobilclub ACI für maximal zehn Tage einen Ersatzwagen zur Verfügung gestellt. Für die Benutzung gilt keine Kilometerbegrenzung. Der ACI hält für diesen Service allein auf den Autobahnen 700 und in ganz Italien 5000 Pkw in Bereitschaft.

Einmal pro Jahr kann ein Gutscheinpaket für entweder 133, 222, 311 oder 400 Liter Super plus Autobahngutscheine gekauft werden. Preise (1989): 210,– bis 600,– DM.

ADAC-Partnerclubs sind:

Automobile Club d'Italia ACI
00185 Roma
Via Marsala 8
Telefon (02) 85261

Postanschrift:

Casella Postale 2389
00100 Roma
Telefon (06) 49981

Touring-Club Italiano TCI
20122 Milano
Corso Italia 10
Telefon (02) 85261

Bahnverkehr: Die italienischen Staatsbahnen FS bieten für jedermann Preisvergünstigungen durch »Kilometerhefte«.

Die Kilometerhefte können von eins bis fünf Personen gemeinsam genutzt werden. Für Kinder von vier bis einschließlich elf Jahren wird pro Fahrt nur die jeweils halbe Entfernung angerechnet.

Wer seinen ständigen Wohnsitz außerhalb Italiens hat, kann für alle Eisenbahnstrecken der FS auf dem Festland, Sardinien und Sizilien eine Netzkarte lösen.

Kinder von 4 bis 11 Jahren zahlen halbe Preise.

Busverkehr: Von morgens zwischen vier und fünf bis Mitternacht fahren die Busse der neapolitanischen Verkehrsgesellschaft S.E.P.S.A. rund um die Insel vom Meeresspiegel bis auf 500 Meter Höhe. In den Zeiten der An- und Abfahrten zu und von den großen Thermalgärten und Stränden sind sie überfüllt. Nur Anfänger staunen, wie viele Menschen in diese nicht sonderlich großen Busse hineinpassen. Auch sie passen sich bald der Enge und stets freundlichen Stimmung an. Selbst die mit viel Knoblauch eingenommene Mahlzeit der Nachbarin auf Tuchfühlung wird nicht übelgenommen. In den »Badebussen« sind die Deutschen nicht selten in der Überzahl. Das hat mit dazu beigetragen, daß die netten Chauffeure genügend Deutsch sprechen, um Fragen zu beantworten, die sicherstellen, daß man nicht in die Irre fährt.

Das System für den Fahrkartenverkauf ist praktisch und einfach. Man muß es nur kennen, bevor man den Bus besteigt. Im Bus gibt es keine Fahrkarten. Diese erwirbt man in einem der vielen Geschäfte für Salz und Briefmarken, »Sali e Tabacchi«. Es gibt zwei Ausgaben: für Fahrten zu einer halben Stunde und für Fahrten zu einer Stunde. Die Karten kann man kombinieren, wie man will, auch in der gültigen Zeit umsteigen, so oft man will. Man entwertet sie selbst nach dem Einsteigen. Dabei bekommen sie einen Zeitstempel. Dies wird in den Bussen auch in deutscher Sprache mit den Worten bekanntgegeben, daß die Karten erst »begültigt« sein müssen, ehe man losfährt, ein recht positiver Ausdruck für das negative »entwertet«. Überschreitungen der Zeit sind sehr teuer. Das nächste Ticket kann auch während der Fahrt nachgeschoben werden. Die Zeitkarten gibt es auch in vielen Bars und Kiosken an den Straßen und nahe der Haltestellen. Ein Schild macht darauf aufmerksam: »Qui si vendano Biglietti S.E.P.S.A.« Auch in den meisten Hotels kann man sie kaufen.

Eine komplette Rundfahrt ist von jeder Haltestelle auf der Küsten- und der Bergstrecke möglich. Die Linie CS fährt Porto – Casamícciola – Forio – Sant' Angelo – Barano – Porto; die Linie CD in umgekehrter Richtung. Beide Linien fahren im Halbstundentakt, allerdings nicht im Winterhalbjahr.

Neben der CS und der CD gibt es noch folgende Linien:

Linie 1 führt durch die bevölkertsten Teile der Insel von Porto an der Nordseite nach Casamícciola, Lacco Ameno, Forio und zu den Poseidongärten am Strand von Citara.

Linie 3 fährt von Porto über Casamícciola oberhalb der Hauptstraße am Hang entlang nach Fango bis Lacco Ameno.

Linie 4 ist eine Verstärkung für die belebte Nordküste. Sie fährt Porto – Casamicciola – Lacco Ameno – Lacco Fango – Forio.

Linie 5 ist der Badebus von Porto zum Strand von Maronti. Dabei erlebt man zwischen Testaccio und Maronti die schönsten Serpentinen der Insel. Die Linie 5 fährt abwechselnd über Barano und Vateliero.

Linie 6 führt in 20 Minuten von Porto hinauf zum Bauerndorf Fiaiano.

Linie 7 ist eine Stadtlinie zwischen Porto und Ponte, die zusammen die Gemeinde Ischia bilden.

Linie 8 ist ebenfalls eine Stadtlinie zwischen Porto und Ponte, aber mit dem reizvollen Umweg über Campagnano am Bergeshang, von wo man einen besonders schönen Blick auf Porto, das Kastell und über den Golf von Neapel hat.

Alle Busse fahren vom Hafen in Porto ab und kommen dort an. Sie sind zugleich ein Zubringerdienst für die Schiffe von und nach Neapel, die in Rufweite anlegen und ablegen.

Das Netz der Haltestellen ist sehr dicht. Wenn man es dennoch einmal nicht rechtzeitig bis zur nächsten

Haltestelle geschafft hat, braucht man nur bittend und freundlich zu winken, und der Bus hält auch auf freier Strecke.

Preise 1989:
½ Stunde etwa 1,— DM
1 Stunde etwa 1,60 DM

Innerhalb einer halben Stunde erreicht man von Porto alle anderen Ortschaften mit Ausnahme von Citara, Panza und Sant' Angelo. Stundenkarten reichen für die längste Strecke von Porto bis Sant' Angelo.

Taxi: Standorte und Rufnummern für richtige, ausgewachsene Taxi:
In *Porto:*

Piazza Antica Reggia,
Telefon 99 22 29;

Piazza Degli Eroi,
Telefon 99 25 50;

Corso V. Colonna,
Telefon 99 37 20.

In *Casamícciola:*

Piazza Marina,
Telefon 99 48 00;

In *Lacco Ameno:*

Piazza S. Restituta,
Telefon 98 60 14

In *S. Angelo:*

Telefon 99 95 67

Die kleinen lustigen *Micro-Taxi* stehen an vielen Straßenecken. Man sollte den Preis vorher vereinbaren. Ein Micro-Taxi ist ein Gefährt, das ganz offiziell der Beförderung von Personen dient und Ausmaße hat, die eine Bezeichnung »Mini« nicht zulassen. Ein Micro ist kleiner als ein Mini. Ein Micro hat entweder ein Steuerrad oder eine Lenkstange und drei Räder, ein Micro hat keine Karosserie, sondern etwas Blech, mit Segeltuch garniert, kein Dach, sondern bestenfalls eine Plane, es macht keinen seriösen, sondern einen höchst lustigen Eindruck, ist mit Blumen geschmückt und hat zuweilen unter der Lenkstange ein paar bunte Bänder hängen, wie man sie früher den Pferden um den Hals schlang, um das Leben fröhlicher erscheinen zu lassen.

Das ist es: Ein Micro soll das Leben freundlicher machen. Das wird durch mehrere Vorzüge dieser sogar mit Taxi-Zulassungs-Nummern der Gemeinde des Operationsgebiets versehenen Fahrzeugelchen erreicht.

Erstens sitzt es sich in den Micros sehr angenehm, da man halb im Freien hockt, was bei den üblichen Wärmegraden auch abends sehr erfrischend ist.

Zweitens sieht man bei der nicht sehr hohen Geschwindigkeit besser, was sich so rechts und links am Wegesrande tut, diese Möglichkeit wird noch dadurch erleichtert, daß der Fahrer gern bei besonders reizvollen Anblicken durch Hupen auf selbiges aufmerksam macht. In der Regel handelt es sich bei dem Objekt um ein schönes Mädchen (und auf Ischia sind alle Mädchen schön).

Drittens läßt es die nicht sehr hohe Geschwindigkeit zu, unterwegs jemanden aufspringen zu lassen. Der Fahrer sagt dann gern zu den Passagieren: mein Bruder. So weit reichen die Deutschkenntnisse immer.

Viertens sind die Micros ungeheuer wendig und kommen auch überall dort noch durch, wo man selbst als Fußgänger Bedenken haben könnte. Parken und Wenden machen überhaupt keine Schwierigkeiten, man kommt mit dem Micro immer dorthin, wo man aussteigen will.

Fünftens kommt man mit dem Micro – und das ist ja der eigentliche Sinn des Unternehmens – schneller an den gewünschten Ort als zu Fuß, auch mit weniger eigener Kraft.

Sechstens ist das Micro ausdehnungsfähig. Zuweilen sitzen sechs Personen und womöglich noch ein paar Hunde in dem Dreieck.

Und das Micro ist siebentens billiger. Man vereinbare den Preis aber vor dem Start. Man wird einen korrekten Preis genannt bekommen. Handeln ist überflüssig.

Wassertaxi: Die kleinen Boote, die zu festen Preisen auf bestimmten Strecken fahren, sind praktisch und nicht teuer. Gewisse Stellen auf Ischia kann man ohne sie nur mit einiger Mühe erreichen, etwa den Strand der Cartaromana oder von Sant' Angelo den Strand von Maronti, die Cava Scura und Olmitello. Die Wassertaxis fahren auf Wunsch auch zu stillen Badebuchten, in denen man allein sein kann, oder in die Grotten an der Steilküste und holen den Gast zur gewünschten Zeit wieder ab. Den Preis für solche Extratouren soll man vorher vereinbaren.

WETTER

Klima: Ischia zeichnet sich dadurch aus, daß es nicht zu extremen Auswüchsen neigt, was die Temperaturen nach oben und unten angeht. Das Klima ist mild und ausgeglichen. Die Badesaison dauert von Mai bis September, auch der Oktober bietet noch reizvolle Tage für einen Ischia-Aufenthalt, freilich kürzer und hier und da unterbrochen von einem Sturzregen, dafür aber mit weniger Miturlaubern und zu Nachsaisonpreisen. Man sollte auch nicht glauben, daß Ischia während der Saison stets wolkenlos und regenfrei ist. Immerhin gab es im Durchschnitt der letzten Jahrzehnte jährlich »nur« 250 reine Sonnentage. Um den Epomeo herum fallen jährlich über eintausend Millimeter Regen, das ist mehr als im südlichen England. Um diesen Regenkegel herum gibt es eine Zone mit Mengen zwischen 600 und 1000 Millimeter, und an der Südküste liegt die Regenmenge unter 600 Millimeter.

Das Besondere und für den Touristen Erfreuliche ist, daß Ischias Regen in der Regel nicht tröpfchenweise, sondern eher eimerweise herunterkommt. Das heißt, wenn es regnet, dann so intensiv, daß die nasse Periode entsprechend schnell vorüber ist. Nieselwetter ist nicht ischiagemäß. Meistens ist solch eine Regenzeit nach 24 oder 48 Stunden vorüber. Dabei ist auch nicht gesagt, daß der Regen die ganze Insel beehrt. Die achthundert Meter hohen Felsen in der Mitte der Insel können durchaus die Dinge so beeinflussen, daß auf der einen Seite der Insel alles eitel Sonnenschein und neun Kilometer entfernt am anderen Ende alles vom Regen verhangen ist.

Ziemlich sicher kann man mit Regen rechnen Anfang Januar, Ende Februar, im Oktober, Anfang Dezember. Der trockenste Monat ist der August. Vorbote des Regens kann der Blick auf Capri sein. Liegt die Insel sehr klar am Horizont, ist das kein verheißungsvolles Zeichen für weiterhin gutes Wetter; erkennt man die Insel da drüben aber nur schwach an ihren Umrissen im Dunst, ist das in der Regel ziemlich beruhigend.

Aber das Thema Ischia und der Regen ist natürlich ein höchst relatives. Das normale Bild heißt: viel Sonne, warme Lüfte, in der die Zikaden singen, und ein gleißender, blaßblauer Himmel, in den die scharfen Kontu-

ren in der Hauptsache von Pinien hineingeschnitten werden.
Für die Wetterlage auf der Insel sind die Winde entscheidend, die von draußen oder drüben kommen. Die Ischitaner wissen das, sie kennen ihre Winde beim Namen und wissen, woher sie kommen und was sie bringen. Sie heißen *Greco* und *Mezzogiorno, Levante, Tramontana, Libeccio* und *Scirocco*. Einer heißt *Vento di Neve*. Er bringt den Schnee auf den Epomeo.
Manchmal kann das Wetter sehr schnell umschlagen. Vorwarnungen gibt es nicht. Nur die Delphine merken angeblich das nahende Unwetter. Wenn sie springen, dann ist es bald soweit. Aber normalerweise können diesen Unwettervorhersagedienst nur die Fischer nutzen, und sie tun es auch, sagt man.
Am kältesten ist es im Januar, dann liegen die Temperaturen im Durchschnitt zwischen 7 und 12 Grad. Der heißeste Monat ist der August. Die Durchschnittstemperaturen der letzten Jahrzehnte lagen dann zwischen 20,8 und 28,3. Das heißt in der Praxis des Tages, daß das Thermometer schon mal auf vierzig Grad Celsius klettern kann.

Die offizielle Klimatabelle für Ischia zeigt diese Durchschnittswerte:

Monat	Tages-temp.	Wasser-temp.	Tägliche Sonnenstunden
April	19	17	8
Mai	22	20	9
Juni	26	22	10
Juli	29	24	11
August	29	25	11
September	27	23	10
Oktober	22	18	8

Kleidung: Es ist hinlänglich bekannt, daß das Klima Süditaliens keine Pelzjacken erzwingt. Natürlich kann man sie dennoch in den Koffer packen, um vielleicht am Abend im Hotel mit der Tischnachbarin aus Neuss oder Nürnberg, Mailand oder Turin konkurrieren zu können. Es gibt zudem ja so leichte Pelze, die den Koffer tatsächlich kaum beschweren und die Trägerin auch in einer Ischia-Nacht nicht. Schließlich hat man während des Abendbummels über den Korso – der wegen der Hitze, die von Pflaster und Häusern ausgeht, noch recht warm sein kann – in der Regel einen Mann bei sich, der das elegante Stück gern trägt. Er hat ja ohnehin keine Jacke an und das Hemd bis zum dritten Knopf offen. Im ganzen gesehen wird für den Ischia-Koffer meist die alte Erfahrung gelten: man nimmt zuviel mit.
Ein paar Dinge, auf die man vielleicht nicht gleich kommt, sollten aber nicht vergessen werden, falls man hin und wieder vom Strand hinweg zieht, um das Innere der Insel kennenzulernen. Dies sind vor allem feste, lange Hosen und feste Schuhe. Die Hosen sind notwendig zur Abwehr der vielen, sehr stacheligen Sträucher auf den schmalen Pfaden oben über den Ortschaften, und das Schuhzeug empfiehlt sich vor allem dann, wenn man auf einem Maultierpfad von Stein zu Stein klettert, und noch mehr, wenn man von den Hängen hinunter ins Tal steigt und bei jedem Schritt abwärts bis zwei Zentner Lebendgewicht auf die Schuhsohlen drücken. Da die Wege oft sehr glatt sind, ist selbst bei trockenem Wetter Vorsicht geboten. Ein Sturz kann böse Folgen haben.

Im übrigen ist festzustellen, daß auf Ischia keine lockeren Kleidersitten herrschen, aber erfreulich liberale. Jeder kann tragen, was er will, weder das allzu Mondäne, das verkrampft Moderne oder ganz und gar Verrückte sind dabei Trumpf. Man kommt durchaus mit der Badeaussteuer aus dem heimischen Kleiderschrank aus. Was an Farbtupfen in der Kleidung vielleicht noch dazugehört für Ischia-Sonnentage, kann man getrost auf der Insel kaufen. Dazu gehören auch die lustig leichten bunten Hüte für Herren, die man entweder auf dem Kopf tragen oder in die Tasche stekken kann.

Anders als in manchen anderen südlichen Gefilden wird es in den Straßen und Gassen der Ischia-Ortschaften nach heißen Sonnentagen keineswegs kühl; das gilt auch für Septembertage. Der Pulli bleibt deshalb meistens im Hotelzimmer liegen, und auch abends spaziert man in derselben Kleidung wie am Tage, nur eine kurze Hose ist dann nicht mehr so angebracht.

Ob jemand Festkleidung mitnehmen möchte, ist seine Sache. Für die Bewohner der Hotels der Ersten Klasse ist es ganz passend, ab und zu zum Abendessen einen dunklen Anzug zu tragen, da die Damen sich gern in langen Kleidern zeigen – zumindest beim üblichen festlichen Dinner, das einmal in der Woche stattfindet.

Winter: Während des Winterhalbjahres sind einige Hotels und Pensionen geöffnet, vor allem in Forio. Pauschalangebote der Veranstalter gibt es nicht; Ischia Tourist vermittelt aber auf Anfrage Reisen einschließlich Flug und Transfer.

ZEITSYSTEM

Die Uhren gehen auf Ischia genauso wie in Deutschland, der Tag verläuft für einen Ischitaner aber anders. Der Vormittag reicht bis 14 Uhr. Bis 16 Uhr wird Mittagspause gehalten, der Nachmittag geht um 19 Uhr zu Ende. Erst danach wird Abendbrot gegessen. Das weitere abendliche Vergnügen beginnt um 22 Uhr.

Fremder Süden oder: Was kommt da auf uns zu?

Ischia

Andere Länder, andere Sitten – das ist schon eine Binsenweisheit, die natürlich auch für Italien, für Ischia zutrifft. Es gibt hier Überraschendes und Erwartetes, Klischeevorstellungen (die selten stimmen) und blitzartige, neue Erkenntnisse, die man schon am ersten Tag gewinnt. »Ischia von A bis Z« auf den gelben Seiten dieses LN-Touristikführers hat Ihnen schon etwas davon verraten, dieses Kapitel soll Sie mit weiteren Einzelheiten vertraut machen.

Wenn man nicht im Freien sitzt

Unterkunft

Man kann auf Ischia von April bis Oktober eigentlich jede Tages- und Nachtstunde im Freien verbringen. Dennoch wird es sich der Gast aus dem Norden nicht nehmen lassen, für einen längeren Aufenthalt ein Zimmer zu nehmen. Das wird, falls nicht merkwürdige andere Umstände vorliegen, ein Hotel- oder Fremdenzimmer sein.
Die Hotels auf Ischia sind gut geführt, sie haben Direktoren mit Erfahrungen – auch im Umgang mit Gästen –, und sie leiden nicht unter Arbeitskräftemangel. Die Ischitaner, die in den Hotels arbeiten, sind ungemein fleißig, flink und freundlich. Sie vergeben dabei nicht viel vom Stolz auf ihre Insel. Auf dieser Insel gibt es kaum Bettler. Was nicht heißt, daß gute Leistungen im Hotel nicht auch ein gutes Trinkgeld erwarten lassen. Doch das Kapitel kommt später.
Eine Schlüsselposition im Hotel für den Dienst am Gast nimmt der Mann vor dem Schlüsselbrett ein, der *Portiere*. Er weiß alles, kann alles, tut alles. Meistens wird er mit Vornamen angeredet, Angelo oder Federico vielleicht.
Federico ist Helfer in vielen Lagen. Er kümmert sich darum, daß die Post richtig verteilt wird, bei ihm kann man getrost alle Ansichtskarten hinterlassen – nachdem man sie einschließlich der Briefmarken auch bei ihm gekauft hat. Man kann ihn nach dem Wetter fragen und wird eine ehrliche Antwort bekommen. Was hätte Federico schon davon, wenn er den Gast an einem Tage glücklich macht, dieser aber

am nächsten Tage enttäuscht über ihn herfällt. Man kann sich also getrost beraten lassen, ob es an der Zeit ist, den Ausflug nach Neapel oder Capri zu wagen, ob der Besuch in Sorrent und Paestum vielleicht nicht doch zu anstrengend wird.
Federico berät schon richtig. Er verkauft nämlich auch die Ausflüge, bestellt das Auto zum Hotel, besorgt Karten für Veranstaltungen und vermittelt Rabatte in diesem und jenem Nachtklub und dem Souvenirladen. Sogar beim Friseur kann man sich auf Federico berufen. Der Schnitt wird etwas billiger – wenn man eben nur zu Federicos Friseur geht. Kurzum: Federico versteht sein Geschäft und bleibt immer freundlich dabei.
Es gibt noch andere wichtige Personen für den Dienst am Gast. Da wäre der Mann am Schwimmbecken mit den Liegestühlen. Morgens schon kurz nach sieben Uhr ordnet er alles für die Gäste, rückt die Liegestühle zurecht, legt Badetücher aus, rollt Sonnenschirme nach Wunsch hin und her und ist in der Regel sehr freundlich – wofür man ihm von Zeit zu Zeit ein Trinkgeld gibt. Dasselbe gilt für die jungen Leute, die in den Zimmern für Ordnung sorgen. Ist man freundlich zu ihnen, wird man Freundlichkeit empfangen, vielleicht plötzlich ein paar Blumen im Zimmer oder eine Handvoll Feigen aus dem Garten noch vor dem Frühstück – was übrigens für gewisse körperliche Vorgänge ein paar Stunden später Wunder bewirken kann.
Die Hotels von Ischia sind moderne Hotels, sie sind blitzsauber, luftig und hell. Viele haben diesen maurisch anmutenden Stil mit bunten Fliesen in allen möglichen Variationen, der für die Insel typisch ist.
Die Hotels sind leicht gebaut. Ischia ist eine ewig grüne und sonnige Insel. Die Leichtbauweise bedeutet allerdings auch, daß die Töne recht leicht von Zimmer zu Zimmer dringen, manchmal durchdringend. Auch Geräusche von Badezimmer zu Badezimmer gehören dazu. Das mag man selbst berücksichtigen – und Rücksicht üben, wenn beim Nachbarn die Toilette mal aus Versehen zu lange rauscht. Es geschieht sicher nicht mit Absicht. Übrigens steht unten in der Halle Federico bereit zur Abhilfe.
Und auch diese Erscheinung sollte man so gelassen hinnehmen, wie es geht: Italiener feiern im Sommer nachts gern im Freien, schwärmen dann jedoch den Vollmond nicht gerade schweigend an, sie kennen die Sache zur Genüge und erfreuen sich gegenseitig mit fröhlichem Geschnatter und Lachen, vielleicht auch mit Hilfe eines Radios, Recorders oder einer lautstarken Band. Wenn es gar zu arg wird für das nach Ruhe heischende deutsche Ohr, gibt es schließlich immer noch ein Mittel: Federico um ein ruhigeres Zimmer bitten. Es

gibt Hotels auf Ischia, die das unterschiedlich starke Bedürfnis nach Ruhe von vornherein berücksichtigen. Da wohnen dann in dem einen Flügel die Deutschen, im anderen die Italiener. Niemand sieht darin eine Diskriminierung, eher eine Respektierung fremder Sitten, respektive Gewohnheiten.

Ischia bittet zu Tisch *Verpflegung*

Mehr als in anderen Ferienregionen wird auf Ischia in den Hotels noch die Vollpension angeboten und von den Gästen gebucht. Die sogenannte Halbpension erspart zwar den Weg zum Mittagessen ins vorübergehend heimatliche Hotel, aber keineswegs Geld. Der Preisunterschied ist so gering, daß sich das Auswärtsbleiben über Mittag nicht lohnt, zumal es den nördlichen Gast in den Mittagsstunden ins halbdunkle Zimmer zieht, den Ort, an dem er empfinden kann, was man in südlichen Gefilden unter Siesta versteht und warum diese so wundervoll ist. Es schläft sich beim Zikadenklang wunderbar, und nach 16 Uhr sind alle Geister wieder da, die zum weiteren Erleben gebraucht werden.
Der Morgen-, Mittags- und Abendtisch bei Vollpension erspart dem Gast auch noch die weiteren Überlegungen, wie man sich zweckmäßig während der Inseltage ernährt. Dennoch sind wohl ein paar Worte extra über das Essen angebracht, damit einerseits derjenige, der sich in das Abenteuer stürzt, jeden Tag sein Essen selbst zu suchen – so er will –, eine Hilfe hat und andererseits derjenige, dem das Essen Tag für Tag serviert wird – so er will –, eine Hilfe bekommt zu erfahren, was er da womöglich überhaupt ißt.
Es ist kaum vorstellbar, daß ein Mensch guten Willens die italienische Küche nicht nach kurzer Zeit bereits heftig liebt, ebenso schnell wird er die neapolitanischen Ausführungen südlicher Kochkünste mit den Ischia-Spezialitäten in seine Zuneigung einbeziehen. Denn der Golf von Neapel gilt seit alters als eine hohe Burg der Kunst, andere Menschen und sich selbst beim Essen glücklich zu machen.
Das Geheimnis, wie das geschieht, ist eigentlich nicht groß: Die Gerichte sind leicht, pikant, phantasievoll, abwechslungsreich, nie besteht die Gefahr einer Freßschlacht, die nur ein Völlegefühl hinterläßt, aber keinerlei Erinnerung mehr daran, was daran so köstlich war. Wer will, kann sich natürlich unter Umständen an Tintenfischen überessen, aber man hat noch von niemandem gehört, der das getan hat. Gewiß ist es gut, sich beim Nähern der Küche Kampaniens, zu

hia-Impressionen

der die von Ischia gehört, auch an den Rhythmus zu gewöhnen, den die Einheimischen beim Genuß einhalten. Und der geht so:
Der Morgenkaffee – *La prima colazione* – hat mit Kaffee nicht sonderlich viel zu tun. Sehr viel Milch wird mit ein wenig schwarzem Kaffee gemischt, das ergibt den *Caffelatte.* Man wird nach Überwindung des Schmerzes um den starken Bohnenkaffee von zu Hause feststellen können: Das Getränk ist ein guter Starter für die kommenden heißen Stunden, es löscht den Durst, es macht munter, erfrischt, man kann eine ganze Menge davon in sich hineinschütten. Gegessen wird nur wenig dazu. Italiener begnügen sich mit frischen, knusprigen, weißen, dicken Brötchen, die man mit den Fingern auseinanderreißt, Croissants, Zwieback, Keks und Marmelade. Butter wird eigentlich nur wegen der Deutschen auf den Tisch gestellt. Für viele deutsche Urlauber ist das Thema »italienisches Frühstück« ein Reizwort oder zumindest ein beliebtes Gesprächsthema. Deshalb bieten viele Hotels ein Frühstücksbüffet an, das sie »verstärktes Frühstück« nennen. Räucherfisch und Schweinesülze gehören dazu nicht, wohl aber Saft, Joghurt, Käse, Salami und sogar Roggenbrot. Wird es nicht angeboten, kann man sich das dunkle Brot, das Italienern ziemlich unheimlich vorkommt, in manchen Geschäften kaufen. Man frage nach »pane ségale«. Die Betonung liegt auf der ersten Silbe.

Das bescheidenere, aber gesunde italienische Frühstück paßt gut zur Vollpension, denn sie bedeutet, daß zweimal am Tag warm gegessen wird, jedesmal drei Gänge.

Das Mittagessen heißt *Pranzo* oder *Seconda colazione* (zweites Frühstück). Als *Primo piatto,* als erster Gang, sind auf jeden Fall Nudeln, in welcher Form auch immer, im Angebot, meistens auch Reis oder ein Becher Joghurt, oder auch Fruchtsaft. Die Nudel- oder Reisportion, auch die *Pizza,* die an diese Stelle gehört, wird sehr reichlich sein. Niemand nimmt es übel, wenn der Teller nicht leer gegessen wird. Darauf folgt das Fleisch- oder Fischgericht, wobei gerade die Fische aus den Gewässern rund um Ischia die volle Aufmerksamkeit der Feinschmecker verdienen. Der Nachtisch heißt entweder Frucht = *Frutta* (Obst sollte man stets schälen), Käse = *Formaggio,* Eis = *Gelati* oder Süßspeise = *Il dolce.*

Das Abendessen *(cena)* beginnt kaum vor 20 Uhr oder – im Frühjahr und Herbst – 19 Uhr. Die Zeiten, die an den Türen zum Speisesaal stehen, sind Anfangszeiten. Italiener erscheinen gern später, Deutsche stehen in der Regel schon fünf Minuten vorher vor der Tür, obwohl ihr Platz ja in jedem Fall für die gesamte Dauer des Aufenthaltes reserviert ist.

Aragosta, die Languste. Steht auf der Speisekarte dahinter *a piacere,* so bedeutet das keine besondere Zubereitungsart, sondern schlicht »auf Wunsch«.

Calzoni alla napolitana, Hosen auf neapolitanisch. Gemeint sind kleine Rollen aus Mehlteig, die mit *Mozzarella* (Büffelkäse), Sardellen und Tomaten gefüllt sind und in Öl fritiert oder im Ofen gebacken werden.

Fritto di pesce, eine Sammlung edler Fische, die zusammen in Öl gebacken wurden.

Frittura di Calamari, gebackene Tintenfische.

Gamberoni, Riesengarnelen, die gern am offenen Feuer gebacken werden, so daß sie etwas angekohlt schmecken; der eine liebt's, der andere nicht.

Imperata di Cozze, Miesmuscheln mit Pfeffer.

Mozzarella in carozza schmecken manchem schon allein deshalb, weil der Name so schön klingt, auf deutsch: Büffelkäse im Waggon. Eine Scheibe Mozzarellakäse, der sehr frisch schmeckt, wird zwischen zwei Brotscheiben gelegt, in ein verquirltes Ei getaucht und in Öl gebacken.

Peperoni gratinati, Pfefferschoten aufgeschnitten, mit Tomaten, Kräutern, Sardellen und natürlich Mozzarella gemischt, mit Semmelmehl bestreut und im Ofen gebacken.

Pizza alla napolitana, eins der Glanzstücke neapolitanisch-kampanischer Küche, inzwischen durch viele Schilder in den Straßen Münchens, Stuttgarts, Frankfurts, Hamburgs Kleinkindern und Rentnern und denen dazwischen bekannt geworden: die *Pizza,* die es in mindestens dreißig verschiedenen Arten gibt. *Napolitana* aber heißt eigentlich lediglich eine Pizza mit Öl, Knoblauch, Tomaten und Oregano. Kommen noch der berühmte Büffelkäse Mozzarella und Sardellen hinzu, heißt sie korrekt *Pizza Margherita.* Sie wird heiß serviert und noch verspeist, während sich die Mozzarellastücke schmelzend über den Fladen verteilen. Die Pizza soll triefen.

Spaghetti, das Stichwort, auf das auch jeder Nichtkenner Italiens wartet. Sie sind gewiß schon lange zur nationalen Institution geworden, aber wer weiß, daß genaugenommen der Golf von Neapel ihre zweite Heimat ist? Ihre Geschichte reicht weit zurück in graue Zeiten. Marco Polo soll die Kunst, aus Teig Fäden zu spinnen, aus China mit nach Italien gebracht haben. Hier trafen die Nudeln später auf die Tomaten, die Kolumbus aus Westindien dem damals schon alternden Europa schenkte. Und da vornehmste Charaktereigenschaft eines Neapolitaners ist, gut kochen zu können, nimmt es nicht wunder, daß mancher heute beim Wort Spaghetti an Neapel und seinen Golf denkt.

Dasselbe gilt für die *Maccheroni,* größere und gröbere Brüder der Spaghetti, aber stets wesensverwandt. Auch sie haben schon zitatenreife Geschichte gemacht. Vor über einhundert Jahren, als es unruhig genug war um die Frage, wann Italien endlich ein geeintes Reich sein könne, rief ein Ruderer vor Ischia aus: »Es lebe der König von Neapel! Aber auch die Maccheroni! Ich schätze sie mehr als den König!« So berichtete das eine schwedische Touristin 1858, mit der unser Ruderer flirten wollte. Vielleicht war es auch umgekehrt. In der Tat sagt diese Anekdote dreierlei: Erstens etwas von der Königsliebe, eine brave Eigenschaft, zweitens von Befähigung zur Begeisterung, eine sympathische Eigenschaft, und drittens von der Fähigkeit zu dem, was man heute Public Relations nennt, nämlich andere von seiner Sache zu überzeugen. Man bedenke, der Ruderer wollte flirten, und er startete seine Attacke mit dem Angebot, mit ihm Maccheroni zu essen.

An der Spitze der Spaghetti in aller Welt stehen die *Spaghetti alla napolitana.* Das Rezept: frische Tomaten, möglichst die flaschenförmigen. Sie werden in Olivenöl – das möglichst kalt gepreßt sein sollte – geschmort, dann kommen Basilikum, Pfeffer und Salz dazu. Auch ein paar frische Tomaten kann man noch unterziehen. Inzwischen sind die Spaghetti selbst auf diese Weise entstanden: Das kochende Wasser im Kessel wird mit etwas Öl dahin gebracht, die Nudeln nicht zu verkleistern. Die Nudeln sollen zwischen sieben und fünfzehn Minuten brodeln und nicht zu weich gekocht werden, sondern *al dente* sein, man muß sie mit den Zähnen spüren. Als Normalportion für einen Ausländer sollen 150 Gramm Nudeln in 1½ Liter Wasser ausreichen.

Zuppa steht am Ende des Eßalphabets. Es gibt die Zuppa in sehr vielen Erscheinungsformen. *Zuppa di pesce* ist eine Fischsuppe quer durch das Meer, *alla marinara* bedeutet, daß die Fische exquisit sind und das Gesamtarrangement durch gebackene oder getoastete dünne Brotscheiben mit Tomaten, Petersilie, Salz, Pfeffer und Knoblauch

noch verfeinert wird. *Zuppa di cozze* ist die berühmteste, die Suppe mit den großen schwarzen Muscheln, bei der das Vergnügen schon vor dem Essen beginnt. Man nimmt jede Muschel aus, gießt die Flüssigkeit auf den Teller, reiht die schwarzen Schalen säuberlich und leer nebeneinander am Tellerrand auf, übergießt die ausgezogenen Muscheln sorgfältig mit der pikanten Brühe und ißt sie schließlich.
Gern wird vom Fremden gefragt, was besonders ischiaeigen sei. Die Antworten werden je nach Geschmacksrichtung verschieden ausfallen. Aber per saldo könnte man wohl nennen:
– das Wildkaninchen nach Jägerart, eine Volksnahrung, auf dessen Zubereitung sich jeder Ischitaner besonders gut versteht, in der Landessprache sehr viel romantischer *il coniglio alla cacciatora* genannt.
– im Herbst die gebratenen *Wachteln.*
– von den *Singvögeln,* die die Insulaner für den eigenen Herd so gern schießen, obwohl sie es nicht mehr dürfen oder sollen, reden die Fremden nicht gern, es sei denn, sie empören sich über diese Sitte. Sie müssen sich allerdings unter Umständen die Gegenfrage gefallen lassen, ob sie zu Hause auch so empört sind, wenn jemand Wildhuhn, Wildente, Fasan und Rebhuhn als Delikatesse preist.
– die fetten Polypen, die sich in den Grotten vor allem der Nordwestecke der Insel drängen, werden in Tunke als *polpi affogati* serviert.
– mit den heimischen *Pilzen* wird eine vorzügliche *Pizza con funghi* hergestellt.
– auch die *Ricci,* die Seeigel, von denen man aber nur die Weibchen, die bunten, genießen kann, sind Einheimische, ebenso die Tintenfische.
– Schwertfisch, der als wertvollster Fisch gilt.
– Auberginen, mit Tomaten und Knoblauch gebacken.
– Gemüse, mit Origano und Basilikum gewürzt,
– und schließlich wird auf Ischia alles mit Wein gekocht.

Man muß auf Ischia nicht unbedingt Spezialitäten essen. Für die Vorsichtigen, die in der Fremde als erstes nach heimatlichen Genüssen Ausschau halten, ist gesorgt. Es gibt Schwarzbrot in Dosen, Hamburger Räucherwurst, und wer auf der Speisekarte *Panzerotti* liest, kann ganz beruhigt sein. Es handelt sich hierbei um Kartoffelpuffer. Wen es dagegen nach Bratkartoffeln gelüstet, der muß *patate fritte* verlangen. Sie sind kein Höhepunkt der italienischen Küche und werden wohl niemals „deutschen Bratkartoffeln“ voll entsprechen, unter Umständen eher Pommes frites ähneln. Man stellt sie mehr aus Höflichkeit her, wenn der deutsche Gast so etwas nun einmal haben möchte.

An Ort und Stelle getrunken *Weine*

Mancher wird sich wundern, aber es ist so: Auf Ischia wird keineswegs nur Wein getrunken, sondern eine ganze Menge Bier. Das liegt gewiß nicht nur an den deutschen Touristen. Für sie wird zwar an allen Ecken und Enden Bier aus Deutschland – *Birra estera* – angeboten, aber auch aus dem benachbarten Neapel kommt ein sehr gutes Bier, das dazu den Vorteil hat, wesentlich billiger zu sein als das Erzeugnis aus der anderen EG-Ecke.
Beim Essen fehlt auf keinem italienischen Tisch die große Flasche Mineralwasser, *Acqua minerale.* Aber natürlich nimmt der Wein eine hohe Stelle unter den lebenserhaltenden Elixieren ein. Und das mit Recht. Man wird schnell feststellen können, warum diese süffigen Weine so selten in anderen Gegenden anzutreffen sind. Sie schmekken so gut, daß sie an Ort und Stelle verzehrt werden. Auch dazu tragen die deutschen Touristen nach Kräften das Ihre bei.
Die Weine von Ischia kommen dem Liebhaber deutschen Weines sehr entgegen. 90 Prozent aller auf Ischia gereiften Weine sind weiß. Der typische Ischia-Wein ist ein leichter, strohgelber, frischer Wein mit keiner sehr großen Blume, aber einem festen Körper, dessen Herbe ins Würzige übergeht. Er hat um zehn Prozent Alkoholgehalt. Sein vornehmerer Bruder mit zwei Prozent mehr Alkohol heißt *Ischia Bianco Superiore.*
Da in der Mitte der 2300 Hektar ischitanischer Weinberge der Epomeo liegt – der Wein wächst in Höhen von 650 Metern –, heißen viele Weine schlicht *Epomeo.*
Lagebezeichnungen gibt es nicht, ihr Sammelbegriff lautet: *Vini da pasto* = Tischweine. Ihre Haltbarkeit ist begrenzt, länger als zwei Jahre sollte man die heimgeführte Flasche nicht aufheben. Der Weinhandel auf der Insel liegt bei wenigen Firmen. Auf ihre Produkte ist dafür auch Verlaß.

Torbogen in den Weinbergen, im Eigenbau gemauert.

Von den Weinen, die sich über den allgemeinen Epomeo erheben, sind drei zu nennen: *Biancolella, Forastera* und *Calitto*.
Der *Biancolella* hat zwölf Prozent Alkoholgehalt, ist ein sanfter, weicher Weißwein mit guter Blume. Wie er eingeschätzt wird, erkennt man daran, daß er gern zu den *Scampi* und den Krebsgerichten gereicht wird. Er kann auch zu allen anderen Speisen getrunken werden.
Der strohgelbe *Forastera* ist trockener und prickelnder als alle anderen, die Rebe stammt aus Korsika. Er ähnelt schon dem Chablis, ist also der gegebene Wein zum edlen Fisch. Wer ausdrücklich Forastera auf Ischia bestellt, gilt von vornherein als Kenner.
Alle weißen Weine Ischias werden kühl bis kalt getrunken.
Innerhalb der roten Minderheit unter den Weinen Ischias steht der Menge nach der *Ischia rosso* obenan, ein dunkelroter Tischwein mit gutem Aroma, blumig. Der sehr dunkle Wein wird manchmal mit weißem verschnitten, also ein bißchen aufgehellt, was ihm durchaus bekommen kann. Getrunken wird er mit achtzehn Grad, sein Alkoholgehalt liegt bei 12 Prozent.
Etwas stärker ist der *Epomeo rosso* in funkelnder roter Farbe. Im Alter wird er rubinrot, ein weicher Wein, der sich zu Braten und Wild empfiehlt. Er wird kühl getrunken und paßt zum Essen von Anfang an. Der Epomeo rosso, auch *Ischia rosso superiore,* ist der feine Tischwein, den man sich am Sonntag bestellt.
Ein Spitzenrotwein ist der *Per' E Palumno,* würzig, voll und trocken. Er hat zwölf Prozent Alkoholgehalt und sollte recht warm – um 20 Grad herum – getrunken werden.
Der einzige echte *Rosato* auf der Insel aus Weißherbst ist der *Calitto rosato.* Im übrigen wird man sich darauf einstellen müssen, daß die in den letzten Jahren so merkwürdig gestiegene Leidenschaft für den Rosé eben nur noch ganz zu stillen ist, wenn man weiße und rote mischt. Der Calitto ist halbtrocken und wird recht kühl mit etwa acht Grad getrunken.
Der *Kalimera* von den Höhen bei Serrara ist der *Spumante* von Ischia. Er reift in 550 m Höhe und wird mit acht bis zehn Grad getrunken.
Ein süßer Rosé ist der *Sorriso Rosé,* der im Westen der Insel gern fröhlichen Rundfahrttouristen angeboten wird, die daraufhin prompt in aller Kürze noch fröhlicher werden. Dieser Wein ist schon fast ein Süßwein und gewiß nicht flaschenweise zu er- und vertragen. Zu den sehr süßen Weinen gehört auch der *Liquoroso D' Ambra.*
Lagenweine sind selten. Spitzenwein des über 100 Jahre alten Wein-

hauses Casa d'Ambra ist der *Per' E Palumno tenuta Montecorvo,* gelesen 300 Meter über dem Meeresspiegel am Montecorvo in der Nähe von Panza.

Der *Biancolello tenuta Frassitelli* ist ein aromatischer, trockener Weißwein. Er stammt aus 500 Meter Höhe von den Hängen des Epomeo und wird zum Fisch empfohlen.

Mancher wird auch auf Ischia am berühmtesten Wein Kampaniens nicht vorübergehen wollen, dem *Lacrima Christi,* der von den Hängen des Vesuvs kommen soll, weil gerade dort der Herrgott eine Träne verlor. Es war eine Träne des Mitleids, denn der Teufel hatte bei seinem Sturz aus dem Himmel ein Stück Paradies mit sich gerissen – es war der Golf von Neapel –, und so war es nun doch Tatsache geworden, daß die menschliche Bosheit sogar in einem, wenn auch kleinen Stückchen Paradies herrschte. Die Träne gab dem Wein die Würze und den Namen. – Lacrima Christi von den Hängen des Vesuvs gibt es in bernsteingelber Farbe mit 12 bis 13 Prozent Alkoholgehalt. Trinken soll man ihn mit 8 bis 10 Grad. Er ist ein Wein mit leichter, delikater Blume und erfrischend.

Der weiße *Lacrima Dolce* ist ein Dessertwein.

Der *Lacrima Christi rosso* hat 11,5 bis 12 Prozent Alkohol, er soll 18 bis 20 Grad warm sein, seine Farbe ist rubinrot, und im Geschmack liegt ein Duft von Veilchen und Mandeln. Im Alter soll er besser werden. Er ist ein Tischwein und nicht unbedingt für die feierlichsten Gelegenheiten geeignet.

Der *Lacrima Christi rosato* ist der liebliche Typ, hat 12,5 bis 13 Prozent Alkohol. Er ist sehr harmonisch, ein richtiger *amabile,* fein im Geschmack und auch ein Tischwein.

Es gibt viele andere im Ischia-Angebot, vor allem die nie genannten und unbekannten, die man von freundlichen Bauern angeboten bekommt, wenn man in den Hügeln an einer *Cantina,* einem Weinkeller, vorbeigeht und lediglich sein *Buon giorno* sagt.

Weiß man bei der Bestellung im Lokal keinen Namen, so genügt es auch, ein *bianco* oder *rosso* zu sagen, und wenn man spezifizieren will, so bieten sich hierfür folgende Vokabeln:

secco = trocken, *abboccato* = lieblich, *dolce* = süß.

Enttäuscht werden kann man eigentlich nie vom Ischiawein.

Die Qualität der Weine wird auch in Italien nach europäischen Maßstäben kontrolliert. Die Abkürzung D. O. C. heißt *Denominazione d'Origine Controllata,* also kontrollierte Herkunft.

In sehr gutem Ruf steht – auch bei den Ischitanern – »Bauernwein«. Er stammt von kleinen Weinbauern, deren Ernte oft nur aus wenigen gefüllten Fässern besteht, die in eine »Cantina« von der Größe einer normalen Garage passen. Er schmeckt auch ohne Stempel, besonders wenn er in der *Cantina* aus Krügen ausgeschenkt wird und die Gäste auf schmalen Holzbänken in Tuchfühlung miteinander hocken.

Hilfe, wer hilft mir? *Ärztliche Versorgung, Dienstleistungen*

Es kann der Tag kommen, an dem man auch auf Ischia Hilfe braucht. Das kann mit einer zerrissenen Hose beginnen, aber auch schlimmer sein.
Die zerrissene Hose ist schnell zu ersetzen, überall auf der Insel gibt es Flickschneider, eine Idee kann es aber auch sein, sich einfach eine neue Hose nähen zu lassen. Die geschickten Ischiaschneider machen so etwas blitzschnell, und teuer ist die Hose auch nicht, wenn man bedenkt, daß man sie später zu Hause als »mein italienisches Modell« bezeichnen kann.
Dasselbe gilt für Schuster, nur daß hier das Flicken eher der Normalfall ist und die Maßanfertigung seltener vorkommt.
Viele Handwerker, auch die Friseure, sind auf Ischia auf den deutschen Kunden eingestellt. Wo schon so viele Restaurants mit den Schildern werben: *Hier gibt es deutschen Bohnenkaffee und Apfelkuchen mit Schlagsahne,* wollen die handwerklichen Dienstleistungsbetriebe nicht zurückstehen. In Porto gibt es ausreichend deutsche Hinweise auf die Möglichkeiten, Hosen, Schuhe reparieren oder Hemden waschen zu lassen.
Die Dienstleistung ist eine neapolitanische Nationaleigenschaft, das zeigt sich an der Freundlichkeit, mit der dem Touristen geholfen wird. Was nicht ausschließt, daß man beim Preis ein bißchen aufpassen, also auch vorher absichern sollte, wie teuer z. B. die Hose wird.
Für die komplizierten Fälle ist Federico da oder Salvatore oder Angelo, der Portiere im Hotel.
Für den bösen Fall, daß ein Arzt nötig ist, wird dem deutschen Gast empfohlen, sich vor der Reise bei seiner Krankenkasse einen internationalen Krankenschein zu besorgen, amtlich auch *Anspruchsausweis* oder *Vordruck E 111* genannt. Für den italienischen Arzt ist das kein Krankenschein, sondern lediglich eine Bescheinigung, in welcher Zeit die deutsche Krankenkasse zahlen will. Der Vordruck muß der örtlichen Dienststelle des Nationalen Gesundheitsdienstes USL, Porto, Via Alfredo de Luca 20, vorgelegt werden, am besten direkt dem Leiter – *capo* – oder dem leitenden Arzt – *primo medico.* Hier erfährt

man auch die Adressen deutsch sprechender Ärzte. Behandlungen durch USL sind kostenlos. Bei Aufnahme in ein Krankenhaus wird der Vordruck E 111 der Verwaltung des Krankenhauses übergeben. Sie veranlaßt alles Weitere. Falls Behandlungen und Medikamente selbst bezahlt werden, müssen der heimischen Kasse genau spezifizierte Rechnungen vorgelegt werden. Die deutschen Vertretungen in Italien haben in der Regel Vertrauensärzte, nach deren Adresse man sich erkundigen kann. Für Ischia ist die nächste erreichbare deutsche Stelle das *Generalkonsulat der Bundesrepublik Deutschland,* 80121 Neapel, Via Crispi 69, Tel. 38 83 93 und 38 31 47.
Ein Arzt ist auf italienisch ein *Medico,* eine Apotheke eine *Farmacía.* Erste Hilfe heißt *Pronto soccorso.* Notruf = *Pronto intervento,* Tel. 99 22 22. Adressen der Apotheken, die Nachtdienst haben, sollen an jeder Farmaciatür angebracht sein. Auskunft über den Sonntagsdienst der Ärzte und Apotheken kann man beim Fernsprechauftragsdienst einholen.

Ischia hat zwei Krankenhäuser:
San Giovan Giuseppe, Ischia, Via S. Antonio 13, Tel. 99 15 16
Ospedale Anna Rizzoli, Lacco Ameno, Tel. 99 40 84.

Im Notfall hilft auch die Polizia di Stato. Die Polizeistation findet man unter der Bezeichnung *Pubblica Sicurezza.* Das Kommissariat – *Commissariato di P. S.* – liegt in der Via delle Terme in Ischia Porto, Telefon 99 13 36 und 99 14 06.
Die *Carabinieri* sind eine Militärpolizei, sie haben vier Kommandos in Ischia Porto, Casamícciola Terme, Forio und Baranco.

Ihre Telefonanschlüsse und Adressen:
in Ischia 99 10 65 und 99 10 01, Corso Vittoria Colonna
in Casamícciola Terme 99 40 80 und 99 49 80, Via San Felice 3
in Forio 99 70 08
in Barano 99 00 63

Es könnte sein, daß auch ein Tourist mal die Feuerwehr braucht, italienisch: Vigili del Fuoco. Er findet sie in Porto in der Via Mazzella gegenüber vom Hotel Continental Terme, Telefon 99 15 07.
Hilfe in allen Lagen leisten nach besten Kräften die Reisebüros, die besonders freundliche, ausdauernde und nervenfeste Kräfte eigens dafür angestellt haben, den deutschen Gästen zu helfen.
Man kann hier alles fragen und wird meistens auch erschöpfende Auskunft bekommen. Man bedenke bitte nur, daß es sich bei diesen Unternehmen nicht um staatliche Wohlfahrtseinrichtungen oder In-

stitutionen für soziale und völkerverbindende edle Zwecke handelt, sondern um Firmen, die am Monatsende ihre Angestellten bezahlen müssen.
Man bedenke weiter, was es wohl für eine Reisebüroangestellte auf Ischia eine Freude sein muß, den ganzen Tag in einer nicht gerade großen Stube hinter einer Theke in einer Art Belagerungszustand, verursacht durch fröhliche oder – noch schlimmer – nervöse und unfreundliche Touristen, zu leben. Mit anderen Worten: Die Reisebüroangestellten wissen zwar alles, aber man sollte sie nur mit dem belästigen, was in der gegenwärtigen Situation zum Überleben nötig ist. Es sei denn, es steht kein anderer Auskunftsuchender hinter dem Frager und tritt von einem Fuß auf den anderen, und man ist allein. Das kommt selten vor, vielleicht mal Ende Januar.

Der Spaß vorm und im Geschäft *Shopping*

Es naht die Stunde, in der das erste Souvenir gekauft werden oder wenigstens Ausschau danach gehalten werden soll. Eins der ganz großen Ischia-Vergnügen zeichnet sich ab.
Als Vergnügen sollte man alles auffassen, was sich bei dem ergibt, was auf neudeutsch *Shopping* genannt wird. Alle Überraschungen sind dann leichter zu überstehen, vor allem, wenn man merkt, daß man doch nicht gerade sehr gut beim Handel abgeschnitten hat. Der umgekehrte Fall ist schlechter denkbar. Die Neapolitaner sind als Naturbegabungen auf dem Gebiet des Handels weltberühmt.
Die erste wichtige Information sind natürlich die Geschäftszeiten. Sie sind, möchte man sagen, liberal. Auf die Minute kann niemand sagen, wann ein Geschäft geöffnet oder geschlossen wird. Das heißt nicht, daß die liberale Regelung nicht doch für den Kunden sehr praktisch sei. Er kann nämlich davon ausgehen, daß er dann, wenn er etwas kaufen will, auch die Türen geöffnet findet. Das heißt, niemand sagt ihm abends vor der Tür Ladenschluß, dafür sind die Geschäfte über Mittag, wenn es tatsächlich viel zu heiß wäre, Shopping zu versuchen, ein paar Stunden lang dicht.

In Ponte: pittoreske, enge, aber saubere Gassen.

Die nächste Frage, was man kaufen sollte, ist ebenfalls nicht leicht zu beantworten. Das Angebot ist breit und reicht von der Salami bis zur Espressomaschine. Im Mittelpunkt stehen Lederwaren, vor allem elegante Schuhe, Handtaschen, Schmuck, Seidentücher, duftige Kleider und die typische Ischia-Keramik. Bei Kleiderkäufen ist es nicht ganz unwichtig zu wissen, daß die italienische Größe 42 der deutschen 38 und der deutschen Größe 42 die italienische 46 entspricht. In den meisten Geschäften kennen die Verkäuferinnen und Verkäufer auch die deutschen Größen.
Beim Bummel durch die Einkaufsgassen fallen die Attraktionen, die Ischia bietet, sofort ins Auge. Sie liegen, stehen, hängen vor den Ladentüren. Bei den Textilien sind es die schicken Erzeugnisse italienischen Designs, beim Leder Sommer- und Abendschuhe, beim Schmuck achte man auf rosa Korallen.
Man sieht, auch hier werden zuerst die Damen eingefangen; für die Männer bleiben allerdings recht interessante Bekleidungsstücke für Beine oder Brust in bunten Farben und elegante Schuhe.
Ein besonderes Shopping-Erlebnis für Männer bietet der Schneider an, der in Ponte im Freien arbeitet und mit diesem Schild wirbt: »Möchten Sie eine maßgeschneiderte Hose aus erstklassigem Material nach eigener Wahl zu annehmbarem Preis in 24 Stunden? Carlo erwartet Sie.« Carlo ist nicht der einzige Schneider auf Ischia, der so schnell arbeitet.
Die Preise sind nach Lage und Ausstattung der Geschäfte sehr unterschiedlich. Die teuersten Läden liegen auf dem Corso Vittoria Colonna in Porto; nebenan in der Via Roma wird es schon billiger, ebenso am anderen Ende dieses berühmtesten Bummels von Ischia, in Ponte. Gehandelt wird in den Geschäften nicht mehr. Generell gelten *Prezzi fissi* = feste Preise. Die Frage nach einem Nachlaß wird aber nicht übelgenommen.
Handeln ist dagegen zweckmäßig, wenn man einem Mann auf der Straße dessen gerade gefangene Fische abkaufen will. Noch interessanter ist es, einem Handel dieser Art zwischen zwei Ischitanern zuzusehen und zuzuhören. Das Haareraufen des einen und die lauten Worte des anderen bedeuten keineswegs, daß hier ein furchtbarer Streit entbrannt ist. Das merkt man spätestens, wenn die beiden friedlich und freundlich auseinandergehen, nachdem die drei kleinen Fische ihren Besitzer gewechselt haben.
Generell muß vor einem Handel auf der Straße gewarnt werden – den es allerdings auf Ischia kaum gibt, dafür aber an den Abfahrtsstellen der Fähren auf dem Festland. Das Angebot für den Gelegenheitskauf

mag noch so verlockend klingen, die dargehaltene Armbanduhr noch so golden schimmern, der Anbieter noch so sympathisch sein – vielleicht leitet er sein Verkaufsbemühen mit den Worten ein: »Ich habe eine Schwester in Stuttgart, kann ich Ihnen irgendwie helfen?« –, man sage freundlich und bestimmt nein, notfalls auch sehr bestimmt.
Manche Besichtigungstour wird überraschend in einer Fabrik zu Studienzwecken unterbrochen, was nur heißt, daß hier etwas verkauft bzw. gekauft werden soll. Man muß auch hier nicht kaufen, es ist keineswegs sicher, daß die Korallen am Ort der Verarbeitung billiger sind als im Geschäft auf dem Corso Vittoria Colonna in Porto. Aber vielleicht macht es Spaß, hier zu kaufen, und die Auswahl ist sehr groß, dann soll man es ruhig wagen.
Die Auswahl von Ischia-Keramik ist unbestritten am Ort der Erzeugung am größten: Bei den Brüdern *Menella* in Casamicciola türmen sich Figuren, Schalen, Tassen und Töpfe, und mitten zwischen argem Kitsch gibt es hier wunderschöne Sachen, die erkennen lassen, daß einst die Griechen die Kunst der Keramikfertigung mit nach Ischia brachten.
Der Geschäftstyp, der das Interesse des Ischiabesuchers am ehesten verdient, ist die *Boutique.* Es gibt sie allenorts, zusammen sind es Dutzende. Das Herumstöbern und die Beratung durch die freundlichen Ischianerinnen sind ein Vergnügen. Aber gehandelt wird nicht.

Eine lästige Sache *Trinkgeld*

Es ist schon so, der schönste Aufenthalt am, im und um den Golf von Neapel herum kann einem verleidet werden, wenn man das Trinkgeldproblem nicht so löst, daß man an dieser Art von Geschäftstätigkeit wenigstens selbst noch ein bißchen Freude oder zumindest Verständnis dafür hat und nicht mit der selbstquälerischen Ungewißheit heimreist: Hast du nun zuviel gegeben oder nicht?
Auch hier gilt, daß es feste Regeln nicht gibt. Man kann also kaum einen der Trinkgeldnehmer fragen: Ist das genug? Was soll ein richtiger Neapolitaner darauf antworten, ohne sich vor seinen tüchtigen Vorfahren schämen zu müssen?
Auf Ischia ist die Lage allerdings doch ein wenig anders als im Hafen von Neapel. Auf der Insel wird weniger gebettelt, die Kinder rufen nicht nach *Soldi,* und wenn das schon einmal vorkommt, wird die Bitte sehr höflich und leise vorgetragen. Von fliegenden Händlern

werden auf der Straße höchstens Fische angeboten, und die sind für die Einheimischen bestimmt. Nicht selten kann man erleben, daß vor einem Weinkeller in den Bergen mit höflicher Geste und wenig Worten gefragt wird, ob man ein Glas trinken wolle. Dafür braucht man dann gar nichts zu zahlen.

Trinkgeld erwarten der Mann in der Rezeption, der Portiere, die Zimmermädchen, der Oberkellner, der Tischkellner, und auch dessen Gehilfen sollte man bedenken.

Den Portiere bedenkt man am Ende der Reise, Zimmermädchen und Kellner nehmen ihr Trinkgeld gern auch wochenweise. Die Höhe des Trinkgeldes sollte sich nach der Qualität der Leistung richten, die man belohnen will. Man sollte jedenfalls selbst entscheiden und daran denken, daß Trinkgeld auch in Italien keineswegs vorgeschrieben ist.

Bei den Zahlungen an die Kellner gibt es zwei Möglichkeiten: Entweder überreicht man die Gesamtsumme vor allen Augen dem Oberkellner, der sorgt dann für die Verteilung, oder man steckt den Schein jedem einzeln zu. Geübte Reisende tun das schon am zweiten Tag, wenn sie merken, daß sie flink bedient werden. Dann wird alles noch flinker und freundlicher zugehen.

Bei den Zahlungen an die Kellner rundet man die Rechnung so nach oben ab, wie es zu Hause üblich ist. Der Taxifahrer bekommt nichts, es sei denn, er hat eine zusätzliche Freundlichkeit erwiesen. Anders ist es nach einer längeren Tour, sei es mit dem Auto, der Kutsche oder dem Esel. Danach erwarten die Fahrer und Treiber einen zusätzlichen Obolus. Das gilt auch für den Chauffeur im Rundfahrtomnibus. Für ihn kann man eine Art Kollekte veranstalten, das ist die praktischste Lösung.

Der Überblick oder: Wo sind wir eigentlich?

Geographie

Es gibt die Geschichte von dem Flugpassagier, der einen ganzen Tag lang von seiner Fluggesellschaft betreut und kreuz und quer durch Kopenhagen geschleppt wurde und am Abend vor dem Weiterflug fragte: Wie heißt die Stadt, in der ich war?
Diese Geschichte ist zwar für einen Kopenhagener sehr schmerzlich und unglaubhaft, aber sie ist wahr.
Deshalb einige geographische Daten:

1000 Kilometer lang, 8500 Kilometer Küste

Italien

Italien ist 301 225 Quadratkilometer groß, also um über 52 000 qkm größer als die Bundesrepublik Deutschland. Es hat 53 Millionen Einwohner. Von Nord nach Süd ist es 1000 km lang, von West nach Ost durchschnittlich 150 bis 200 km breit. Seine Küsten sind 8500 km lang. Das Land, erst seit dem vergangenen Jahrhundert in einem Staat vereint, besteht aus 19 Regionen, von denen das Aostatal, Sardinien, Sizilien und Südtirol autonom sind. Ischia gehört zur Provinz Neapel in der Region Kampanien.

46,33 Quadratkilometer an der Bruchzone

Topographie, Geologie

Ischia liegt zwischen dem 40. und 41. Breitengrad am 14. Längengrad, im Golf von Neapel. Die Insel ist 46,33 Quadratkilometer groß. Ihr höchster Punkt oder Berg ist der *Epomeo,* er ist 788, 789 oder 792 Meter hoch, je nachdem, an welches Nachschlagewerk man sich hält. Die größte Entfernung zwischen Ost und West beträgt in der Luftlinie zehn Kilometer, Nord- und Südseite können nicht mehr als sieben Kilometer voneinander entfernt sein.
Am weitesten voneinander entfernt liegen Porto und Panza: ganze

16,1 Kilometer, wenn man über die Bergstrecke via Barano–Serrara fährt.
Die Küstenstrecke ist nur wenig kürzer; eine Rundfahrt um Ischia kann also nur wenig länger werden als dreißig Kilometer.
Die Insel hat landschaftlich – von der Ferne gesehen – unterschiedliche Gesichter.
Steile Hänge von der Nordküste hinauf zum Epomeo und seinen Nachbarn *Capo dell'Uomo,* auch *Monte del Bianchetto* genannt, 721 Meter hoch, *Pietra dell'Acqua,* 720 m, *Pietra del Cantariello,* 704 m, *Punte Letto,* 663 m, und *Monte Trippodi,* 502 m. Vom Meeresspiegel bei Casamicciola bis zum Epomeogipfel um die 790 Meter herum sind es in der Luftlinie kaum mehr als 2300 Meter.
Die Felskette fließt nach Süden weich ab und gibt so der Insel auf dieser Seite ein ganz anderes Gesicht.
Von den hohen Bergen in der Mitte neigt sich das Land gegen das Meer, aufgehalten immer wieder von Terrassen, durchzogen aber von schroffen, tiefen Schluchten, die vom Wasser in Jahrtausenden in den weichen Tuffstein geschnitten worden sind. An der Küste fällt das Land dann steil, an mancher Stelle über zweihundert Meter tief ab ins Meer, so daß man nur an wenigen Stellen ohne gewagte Kletterpartien bis an das Wasser herankommt. Versöhnend liegt auf der Mitte der Südküste der zwei Kilometer lange und breite *Marontistrand* mit La Roia, dem 106 Meter hohen Felsen von Sant'Angelo, als Wächter.
Schaut man von den Terrassen oder vom Epomeo auf diesen breiten Leib, der da zwischen der Steilküste und den hohen Felsen liegt, so versteht man die Legende vom Titanen Typhoeus (oder Tifeo), die auf der Insel so oft erzählt wird:
Nachdem die Titanen, die sechs riesigen Söhne und sechs Töchter des Uranos, sich ohne Erfolg gegen Zeus aufgelehnt hatten und nach zehn Jahren unterlagen und dafür fürchterlich bestraft wurden, geriet auch Ischia in die Sache hinein. Einer der großen Brocken, die vom Olymp auf die Rebellen geschleudert wurden, traf Typhoeus. Der Brocken war der Epomeo. Etwa zur gleichen Zeit geriet sein Bruder Typhon unter den Ätna auf Sizilien.
Seitdem liegen beide unter den Felsen. Und wenn es auf Ischia gewittert, sagt man, das komme von der Wut des Typhoeus. Die

Mächtig ragen die Felsen der Insel aus dem Meer.

Rauchsäulen, die aus mancher Felsspalte aufsteigen, die Fumarolen, sind sein wütender Atem, und die Erdbeben, die Ischia einst heimsuchten, waren auch Ausdruck des Ärgers dieses Riesen. Heute zieht man Nutzen aus der mißlichen Lage des Betroffenen. Die heißen Wasser der Insel sind natürlich auch nur durch dessen Wut angeheizt. Wenn man die südliche Hälfte der Insel von oben betrachtet, erkennt man unschwer, wie und wo der Riese unter der Erde liegt: Die Häuser von Ciglio zwischen Serrara-Fontana und Panza sind die Wimpern, la Bocca unterhalb von Ciglio ist der Mund, das dicke Panza der Bauch, der Kopf ist Testaccio, Piedimonte hat die Aufgabe übernommen, die Füße darzustellen, der runde Hafen von Porto ist das einzige Auge. Auch der Pilz – der Fungo – im Wasser vor Lacco Ameno ist, man betrachte nur seine phallische Gestalt, nach Auffassung vieler Leute ein Ausdruck für Kräfte des Riesen, über die man nicht spricht. Immerhin liegen in Lacco Ameno die aktivsten Quellen der Insel.

Wem alle diese anatomischen Angaben spanisch vorkommen, der möge bitte bedenken, daß bei Zeus noch ganz andere Sachen möglich waren.

Wieder anders zeigt sich Ischia im Westen. Von Forio, dem exotischsten Ort der Insel mit der meisten Folklore, erstreckt sich eine weite, offene Landschaft bergan mit vielen Weingärten, die von den Felswänden des Epomeo, Pietra dell'Acqua und Bocca di Serra scharf begrenzt wird. Hier wächst der Wein auf Feldern, Panza am südlichen Ende der Ebene ist das größte Weindorf. Kennzeichen dieser Ischialandschaft sind die großen Tuffsteine, die irgendwann einmal von den Bergen herabgerollt sind und von den Menschen ausgehöhlt wurden (was mit einem einfachen Messer möglich ist); noch heute dienen sie oft als Lager oder Sommerwohnung. Manche werden auch das ganze Jahr hindurch bewohnt, was man daran erkennt, daß auf der Felsenspitze eine Fernsehantenne thront.

Nach Osten, dem Golf von Neapel zu, zeigt Ischia sein städtisches Gesicht. In Ischia mit seinen Ortsteilen Porto, Ponte, San Domenico, San Michele, San Antuono, Campagnano wohnt jeder dritte Insulaner. Hier liegt das einzige Stück Binnenland der Insel. Hinter den in das Grün gebetteten weißen Häusern von Porto und Ponte nach Barano erstreckt sich eine Senke, die sanft hinaufführt auf die

Lacco Ameno und der Monte Vico.

50

Bergstrecke in Richtung Fontana, ein einziger, weiter Garten mit Obst und Wein, der zwischen den Bäumen gezogen wird, umgeben nach drei Seiten von Hügeln. Nur wenn man sich von der Höhe umschaut, sieht man den Golf und weiß wieder, daß man doch auf einer Insel ist.

Es gibt natürlich eine streng wissenschaftliche Erklärung, wie Ischia zu seiner Gestalt kam. Es war zwar lange unklar, aber jetzt steht fest, daß Ischia kein vulkanisches Zentrum wie der Vesuv und die Phlegräischen Felder auf der anderen Seite des Golfes war. Die Insel ist jünger. Als da drüben bereits Menschen mitten zwischen Nashörnern lebten, gab es sie noch gar nicht.

Dann kam eine Zeit, in der die ganze kampanische Erde in einen gewaltigen Umbruch geriet. Die Erde brach auf, ein weites Gebiet versank im Wasser. Der Druck aus dem Erdinnern hob dann eine große Scholle nach oben, sie kippte sich sozusagen an die Erdoberfläche. Das war die Geburt der Insel Ischia.

Die Gipfelkette um den Epomeo ist die Bruchstelle der Scholle. Sieht man sie vor sich, kann man sich die Erdbewegung gut klarmachen. Auch die unvorstellbaren Kräfte, die diese Erde bewegen, werden deutlich.

Der sanftere südliche Teil der Insel ist also eine Art Geröllfeld des großen Abbruchs.

Es kam noch einiges hinzu, bis Ischia seine heutige Gestalt hatte. Unterhalb der Bruchkante, der Gipfelkette, drängte die Glut aus der Erde, es kam zu Vulkanausbrüchen, die das Bild der Insel so wesentlich prägten und ihr zu Wachstum und Reichtum verhalfen.

Zwei alte Krater sind noch gut zu erkennen: *Fondo d'Oglio* an der Kuppe des Monte Rotaro oberhalb von Casamicciola. Von einem Taxi kann man sich bis an den Rand des Kraters heranfahren lassen, der bis auf den Grund völlig bewaldet ist.

Den *Arsokrater* überblickt man am besten von der Umgehungsstraße oberhalb von Porto, am schönsten von Fiaiano. Er ist ein großes Halbrund, nach Westen zum Meer hin offen. Von hier sieht man sehr deutlich am großen Pinienwald, der bis zur Küste zwischen Porto und Ponte reicht, welchen Weg die Lava zwei Monate lang nahm. Das wüste Geröllfeld wurde von dem englischen Botaniker Gussone mit Schirmpinien bepflanzt. Heute gehört diese *Pineta* zu den größten Italiens.

Es gibt Stellen, an denen sich die Lava auftürmte, ohne daß es zu einem Vulkanausbruch kam. So entstanden die steilen Felsen im Meer vor Ponte, auf dem das Kastell thront, und der Roja vor

Sant'Angelo. Betrachtet man das Kastell von der Seeseite her, sieht man die versteinerten Glutströme sehr deutlich. An anderen Orten sank die Lava wieder zurück, es entstanden fruchtbare Senken wie die zwischen Lacco Ameno und Forio (Lavaerde wird nach 500 Jahren sehr fruchtbar). Auch der heutige Hafen von Porto war eine solche Senke, die sich mit Wasser füllte.
Die Grotten an der Südküste sind Hinterlassenschaften der Lavaströme. Die Lava füllte tiefe Spalten aus, später wurde das weiche Gestein vom Wasser wieder herausgewaschen.
Alles das ist noch gar nicht so lange her. Unter der Lava fand man an mancher Stelle Scherben aus griechischer und römischer Zeit. Der Arsovulkan brach 1301 aus.
Die Vulkanausbrüche führten dazu, daß die Insel von den Menschen verlassen wurde, und auch lange Zeit später verhinderte wohl noch die Furcht der Menschen, daß das Paradies Ischia von zu vielen entdeckt wurde, so daß Ischia eine vergessene Insel zu sein schien. Aber heute verdankt sie den Vulkanen ihre wirtschaftliche Existenz. Die Fruchtbarkeit ihrer Weinberge, die Heilkraft ihrer Wasser, der heiße Sand sind Nachkommen der Vulkane.

Isola Verde, die immergrüne Insel *Vegetation*

Es hat im Laufe der Jahrtausende schon eine ganze Reihe von Namen gegeben, die man für die Insel fand. Für die Touristchefs dieses Jahrhunderts dürfte der wirkungsvollste sein: *Isola Verde,* die grüne Insel, gemeint ist damit die immergrüne Insel.
Ischia hat subtropische Vegetation, und sie zeigt sich dem unwissenden Ankömmling genauso, wie er sie sich vorgestellt hat, in Farbe und Fülle, die das Auge bald schon nicht mehr die Einzelheiten erkennen lassen. Daran wird es vielleicht erst wieder erinnert, wenn man plötzlich sieht, wie noch in der kleinsten Erdkrume zwischen den Felsen Blumen blühen oder wie auf dem steil zum Meer geneigten Hang sich die große Agave, der Indische Feigenkaktus, die Olivenbäume dort an den Hang krallen, wo sich kein Fuß mehr halten könnte.
Immer blüht etwas. Im Januar die Kalla und die Mandeln, im Dezember die Orangen und der Spanische Jasmin. Manches blüht mehrere Male im Jahr, so der Gelbe Ginster. Der eine wird sich am Hibiscus sattsehen wollen, der andere vor den Kaskaden der violetten Bougainvillea stehenbleiben, der dritte den silbergrauen Schimmer

der bescheidenen und knorrigen Oliven im flimmernden Sonnenlicht erkennen.
Da sind die Großen: Schirmpinien, Platanen, Ulmen, Zedern, Eichen, Johannisbrotbäume, Dattelpalmen und die vielen Eßkastanien, ineinander verschlungen.
Oder die Früchte: Auf den Bäumen Zitronen, Orangen, Granatäpfel, Aprikosen, Mandeln, Pfirsiche, Äpfel, Nüsse; und auf den Feldern: Tomaten, Paprika, Melonen, Zwiebeln, Knoblauch, die an den Häuserwänden aufgehängt werden, um zu überwintern, und damit den Wohnungen Farbe und Verzierung geben.
Die Straßenalleen mit den Oleanderbäumen blühen bis in den September hinein, und ein bißchen mitleidig denkt man an die Mühe mit dem Blumentopf zu Hause – ob Frau Schulze auch regelmäßig gießt? –, wenn man vor dem Gebüsch mannshoher Geranien steht, oder man denkt unwillkürlich an den Herbst zu Hause, wenn man hört: das ist Eukalyptus.
Schließlich ist da der Wein. Bis in 650 Meter Höhe wächst er. Der Eindruck vom sorglosen Leben auf Ischia wird ein bißchen zurechtgerückt, wenn man im September sieht, unter wieviel Mühe der Wein dort oben gelesen und auf schmalen Wegen zu Tal getragen wird.
Subtropisch kann aber auch stachelig heißen: Das Dornengestrüpp der Macchia gedeiht auf dem vulkanischen Boden sehr üppig, was man beim Spazierengehen auf engen Pfaden leicht an den Hosen, noch schlimmer an den nackten Beinen zu spüren bekommen kann.

Warmes Wasser, heißer Sand und drei Sorten Steine

Thermalquellen

Der Untergrund Ischias setzt sich, grob gesehen, aus drei Materialien zusammen, die aber aus ein und derselben Familie stammen: *Lava, Tuffstein* und *Bimsstein.* Alles sind vulkanische Erzeugnisse.
Die *Lava* besteht aus verschiedenen Materialien, die erst einmal flüssig wurden und nach der Erkaltung eine feste Verbindung eingegangen sind. Auf Ischia hat die Lava Berge errichtet, aus Schluchten Ebenen gemacht, neue Schluchten geschnitten und Felsen geschaffen, die jedem modernen Künstler des 20. Jahrhunderts zur Ehre gereichen könnten.
Der *Tuffstein* ist aus vulkanischer Asche entstanden, man kennt auf der Insel weißen und grünen Tuffstein.
Der schwarze *Bimsstein* ist aus Asche zu Stein geworden.

Die Poseidon-Gärten

Lösen sich Bims- und Tuffstein wieder auf, so bekommt man *Lapilli,* eine Art Vulkankies, der auf Ischia als Belag für die flachen Hausdächer verwendet wird.
Über und zwischen diesem Gestein besteht Ischias Boden in der Hauptsache aus Ton, vulkanischer Erde, die hier Pozzuolanerde genannt wird, und Sand. Den Tonschichten verdankt die Insel, daß es hier und da sogar Brunnen gibt. Ischias Sand ist – wenigstens stellenweise – einmalig. Er ist zentralbeheizt. Der vulkanische Untergrund sorgt dafür. Das kann – wie am Strand von Maronti – so weit gehen, daß man mit bloßen Füßen nicht mehr über den Sand gehen kann und

einen Hitzeschutz braucht, einen Schuh also. Oder man packt sich – zu Heilzwecken versteht sich – ganz in den Sand hinein.

An anderen Stellen, wie etwa am Strand der Cartaromana südlich von Ponte oder vor den Felsen von Castiglione westlich von Porto, erwärmen diese Erdkräfte das Wasser, so daß man stets eine beheizte Badewanne im Freien vorfindet.

Im übrigen sprudelt ja die Insel von warmem Wasser, auch Thermalquellen genannt.

Wahrscheinlich haben schon die alten Griechen sich an den warmen Wassern von Ischia ergötzt, sie genutzt für Manneskraft und vermeintliche Verjüngung. Ältere Damen taten letzteres auf jeden Fall in größerem Umfang zur Zeit des Augustus. Eine Vestalin namens Cecilia Metella soll diese Kurmöglichkeiten entdeckt haben, und ein Schriftsteller aus Kalabrien, Jasolino, schrieb um das Jahr 1500 herum, auf der Insel gebe es 37 Mineralwasserquellen und zwei Quellen mit frischem Wasser.

Heute ist Ischia als das Gebiet mit den meisten Mineralquellen in Europa bekannt, in der Welt wird es höchstens noch von Japan übertroffen.

Die Mineralquellen von Ischia sind von verschiedener Art. Es gibt alkalische, jodhaltige, schwefel- und eisenhaltige und radioaktive Quellen, die meisten sind warm, einige auch kalt, manche eignen sich zum Trinken, andere sind zu heiß dafür, wie die in der Cava Scura, wo schon die Römerinnen badeten. Sie ist in ihrem Inneren 101 Grad heiß. Offiziell durfte hier längere Zeit nicht gebadet werden. Die Polizei schloß die kleine Badeanstalt. Aber die Ischitaner ließen sich ihre Cava Scura nicht nehmen. Sie stiegen um das Sperrschild »Polizeilich geschlossen« herum und badeten wild. Heute ist die »Dunkle Grube« der Römerinnen wieder eine Therme, in der offiziell gebadet werden darf. Sie wurde vom Parco Termale Tropical übernommen.

Die 2000 Jahre alten Felsnischen sind erhalten; wie eh und je zeigen weiße Badelaken an, welche der sechs kleinen Höhlen besetzt sind; die Kopfkissen über den aus dem Fels geschnittenen Badewannen sind aus Stein, ebenso der Hocker in der Ecke. Kaum erkennt man den Zement des 20. Jahrhunderts, der an der einen oder anderen Ecke und Schwelle für mehr Sicherheit sorgt. Die 80 bis 90 Grad heiße Quelle versorgt alle Badeanlagen, Wannen, Hydromassage, Fango, Naturinhalation und die Saunahöhle, die im Preis für die anderen Behandlungen inbegriffen ist.

Neu ist die Fangoabteilung, in der es für 15,– DM die berühmten Gesichtsmasken gibt, die schon den Römerinnen zu Schönheit ver-

halfen. Für den doppelten Betrag gibt es sie mit kosmetischer Behandlung. Deshalb wird diese Abteilung *»studio estetica«* genannt.
Selbstbedienung verhilft zu weiteren Genüssen. Es gibt Eis und Kaffee, Limonade, Bier und Wein von den Bergen ringsum, das Glas für 1,50, den Liter für 10,– DM.
Quellen gibt es in allen Ecken und Enden der Insel. Die renommiertesten sind:
In *Porto:* die Quellen *Fornello* = Öfchen, und *Fontana,* beide nahe dem Hafen. Sie versorgen die Gemeindethermen, also die öffentliche Warmbadeanstalt, das Militärsanatorium und ein Hotel. Auf der Höhe neben dem Hafen fließt die Quelle *Pontano* und zwischen Porto und Ponte die *Sorgente di Acqua Marina,* eine 18 Grad warme Süßwasserquelle, deren Wasser früher einmal in Paris und London mit Goldmedaillen ausgezeichnet wurde.
Casamicciola ist der Ort mit den meisten Thermalquellen auf der Insel, über dreißig sollen es sein, die berühmtesten sind die Quellen von *Gurgitello, Bagni* und *Rita.*
Die *Gurgitelloquelle* ist seit Plinius bekannt, die *Terme Belliazzi,* in denen sie fließt, sind über 100 Jahre alt, die Einrichtung ist ganz und gar modern. Die Wasser in den Belliazzi sind von 23 bis 85 Grad warm, auch eigenen heißen Schlamm haben diese Thermen. Man sagt, diese Stelle sei wohl geeignet für Männer, die neue Kräfte suchen, auch *Lebertröster* wird sie genannt.
Die Quelle von *Rita* ist 94 Grad heiß. Ihr Wasser wurde früher bis nach Ägypten exportiert.
Zwischen Casamicciola und Porto unterhalb von Castiglione liegt die heißeste Unterwasserquelle der Insel: *Bagnitello.* Castiglione-Wasser sind gut gegen Sprachfehler, sagt man. Hier liegt auch eine der großen Thermalgartenanlagen der Insel: die *Giardini Castiglione,* 35 000 Quadratmeter groß mit sieben Thermalbädern, 30 bis 40 Grad warm, Meerwasserschwimmbad, eigenem Strand und Restaurant.
Lacco Ameno rühmt sich, die radioaktivste Quelle der Welt zu haben: die über 50 Grad warme *S. Restituta*; andere Quellen in der gleichen Gegend sind *Capitello,* die *Fonte Romana, Fonte Regina Isabella* und *Fonte Fangaio,* alle um 55 Grad warm.
Am Ortsrand von Lacco Ameno in Richtung Forio – schon auf dem Gemeindegebiet von Forio – liegen die Sudatorien *Stufe San Lorenzo,* eine Art Dampfbäder. Sie gehören zum gleichnamigen Hotel und werden jetzt »Natursauna« genannt.
Zu *Forio* gehören die Quellen von *Citara,* die ergiebigsten der Insel. Sie speisen die Freibäder der Poseidongärten und ein paar Ackerflä-

chen dazu. Der Blumenkohl von Citara wird mit warmem Thermalwasser versorgt, er ist deshalb berühmt. Die neuen Poseidongärten wurden 1962 über den Trümmern antiker Bäder angelegt. An dieser Stelle haben sich schon die Griechen gesund gebadet. Auch sie sprachen bereits den Wässerchen von Citara wundersame Kräfte im Hinblick auf Mannes- und Liebeskraft zu.
Die Poseidongärten gehören einem bayerischen Unternehmer. Die Patronin ist eine Madonna. Die Becken liegen zwischen Fels und Strand, eingebettet in üppige Rabatten voller Blumen, blühender Sträucher und exotischer Pflanzen. Überall sprudelt heißes Wasser, dampft oder läuft neben den Wegen her; an einer Stelle warnt ein Schild *»aqua bollente«* = kochend heiß, und eine rauchende Fumalore gibt es auch. In einer Grotte wird Wein ausgeschenkt. Selbst das Innere des Hallenbades und die Liegehallen sind grün. Es gibt Selbstbedienungs- und Gourmetrestaurant; im Kaffee spielt ein Pianist dieselben leisen Weisen wie ein klassischer deutscher Kurmusiker. Eintritt (1988): 25 000 Lire, nachmittags 20 000, Dauerkarte für 15 Tage (mit Foto) 300 000 Lire.
In der Bucht bei Cap Negro fließen die Wasser von *Saliceto,* die gegen Asthma helfen sollen.
Man sagt gern, daß überall auf Ischia heißes Wasser aus der Erde sprudelt, wenn man ein Loch gräbt. An kaum einer anderen Stelle wird das so deutlich wie in Sant' Angelo, am Strand von Maronti und in den Schluchten dahinter. Im Umkreis von nur zwei Kilometer dampft und quillt hier heißes Wasser sozusagen an allen Ecken und Enden aus der Erde. An vier Stellen kann man das erleben, ohne dafür Eintritt zahlen zu müssen: am Strand von Maronti, in den Schluchten von Olmitello und Cava Scura und an der Nitrodiquelle.
In Sant' Angelo gibt es Quellen in drei Thermalgärten: *Aphrodite* – mit den *Terme Linda* des Hotels Miramare – bietet sechs Freibäder, ein Hallenbad mit Wassertemperaturen zwischen 25 und 40 Grad sowie einige dampfende Grotten.
Apollon hat sechs Thermalbecken, ein Hallenbad und vier heiße Grotten, die Sauna genannt werden. Temperaturen: 37 bis 44 Grad.
»Tropical« auf dem Felsen über der Endstation der Buslinie am Zugang zu Sant' Angelo in luftiger Höhe ist die jüngste Anlage. Der Garten hat acht Becken, davon eins in der Halle, mit Temperaturen zwischen 28 und 38 Grad. Steigt man am Ostrand von Sant' Angelo bei Apollon hinunter zum dunklen, kiesigen und nicht gerade sauberen Strand, ist man nur wenige Meter von den berühmtesten Fumarolen der Insel entfernt.

Am Fuß der senkrechten Tuffsteinwand dampft die Erde. Der Strand davor ist so heiß, daß man ihn ohne Schuhe nicht betreten kann. Manche Leute nehmen ein kostenloses Sandbad. Es gibt auch einen Service geschäftstüchtiger Leute, die den Gast einbuddeln. Das kostet inklusive Badetuch 5000 Lire.
Am zwei Kilometer langen Strand von Maronti, der an den Fumarolen beginnt, brodelt es an vielen Stellen unter der Erde und dem Sand. Vier Hotels am Strand haben eigene heiße Quellen. Die Gärten des Olymp, die *Giardini Olimpus,* sind eine öffentliche Warmbadeanstalt mit vier Bädern.
Olmitello und die Cava Scura sind vom Marontistrand zu erreichen. Geht man von der Endstation der Buslinie 5 (Porto – Maronti) etwa 500 Meter durch den Sand am Strand entlang – eine »Promenade« gibt es hier nicht –, kommt man zum Eingang der Schlucht von Olmitello. Nach nur wenigen hundert Metern Weg durch das stille Tal, das an Wildwest-Kulissen aus manchem Film erinnert, steht man vor einem verfallenen Haus – und der Quelle von *Olmitello.* In dem Haus wurde früher aus dem Mineralwasser Salz gewonnen, das in viele Länder exportiert wurde. Das Geschäft lohnt sich offenbar nicht mehr. Das einzige heile Stück der alten weltberühmten Heilwasserfabrik ist eine Marmortafel an der zweigeschossigen Ruine mit den gähnenden Löchern, die früher Fenster waren. Hinter ihr sperrt eine Mauer das enge Tal. Bei genügend Wasser plätschert ein kleiner Wasserfall an ihr herunter. Sein Wasser ist kein Trinkwasser. Das richtige gesunde Mineralwasser von Olmitello fließt in einem fingerdicken Strahl 50 Meter vor der Ruine aus einer Leitung. Einheimische und erfahrene Ischiabesucher zapfen es sich hier kostenlos. Man erkennt sie auf dem Weg ins Tal an den leeren oder gefüllten Flaschen, die sie tragen. Das Wasser von Olmitello hat eine mildtätige Wirkung – es führt ab. Eine weitere besondere Wirkung soll das Wasser schon in alter Zeit gehabt haben: es gab tauben Menschen das Gehör zurück. Deshalb nannte man die Quelle einst auch gern das »Bad der Taubheit«.
In der westlich benachbarten Schlucht von Olmitello liegt die *Cava Scura.* Ihre berühmte Quelle ist ebenfalls in wenigen Minuten vom Strand auf ebenem Weg zu erreichen.
Kaum mehr als einen Kilometer von Olmitello und Cava Scura entfernt – von dieser Seite aber nicht zu erreichen – liegt eine weitere berühmte Quelle, die schon unzähligen Menschen Heilung und Linderung gebracht hat: *Nitrodi* bei Buonopane. Es ist die stärkste Quelle der Insel. Man erreicht sie in wenigen Minuten von der

Bushaltestelle neben der Straßenbrücke, die oberhalb von Barano über eine Schlucht führt. Ein großes Schild »Ristorante Nitrodi« weist den Weg bergab, wie auch die Menschen mit Bademantel und Flaschen im Arm, denen man begegnet: Kenner, die den Wert von Nitrodi kennen.
Das Wasser von Nitrodi heilt Wunden, pflegt die Haut und verschönt sie. Wenn die Fischer sich an den widerlichen Stacheln der giftigen roten Scrofani verletzt haben, baden sie die Wunden am liebsten im Wasser von Nitrodi. Mädchen, die ihre Wäsche in der armdicken, 19 Grad warmen Quelle spülen, werden begehrenswert, heißt es.
Bettlaken, die in diesem Wasser gewaschen wurden, sind auf- oder anregend. Wer eine unsaubere Haut hat oder gar eine Hautkrankheit, stellt sich gern und lange unter das aus dem Fels schießende Nitrodiwasser.
Die Badeanstalt an der Nitrodiquelle ist Ischias kleinste und sicher für manchen Besucher die charmanteste. In römischer Zeit war sie ein Heiligtum. Auf einem winzigen Felsplateau mit Blick aufs Meer sprudelt die Quelle in einer Felsnische mit armdickem Strahl. Wer sich darunter stellt, hat Wasserbehandlung und Massage zugleich. Fünf Minuten unter dem armdicken Strahl im Freien kosten 3,– DM, ein Bad im kleinen Badehaus das Doppelte.
Auf dem Weg vom und zum Bus bietet eine kleine Taverne am Fels ihre Dienste in Form von Bauernwein und Landschinken an.

50 000 Menschen – sechs Gemeinden

Bevölkerung, Besiedlung

Etwa 50 000 Einwohner, 47 Quadratkilometer Insel und sechs Gemeinden, das sind die wichtigsten Daten für das menschliche Dasein auf Ischia.
Größte Gemeinde nach Einwohnerzahl ist *Ischia,* also Porto und Ponte zusammen, wo jeder dritte Inselbewohner lebt. Mit seiner Fläche von 8,05 Quadratkilometer steht es aber unter den sechs Gemeinden nur an dritter Stelle.
Größte Gemeinde nach Fläche ist *Forio* mit 12,85 Quadratkilometern, nach Bewohnern steht es an zweiter Stelle. Zwischen diesen beiden, geographisch am entferntesten voneinander liegenden Gemeinden stehen oder liegen:
Barano, 11,06 Quadratkilometer, und *Serrara-Fontana,* 6,69 Quadratkilometer im Landesinneren, 220 und 366 m über dem Meeres-

Seite 65: Am Strand von Maronti. – Oben: Brettspiel auf Schiffsplanken; unten: Schnellfähren nach Ischia; rechts: Leuchtturm an der Hafeneinfahrt von Porto.

Oben: Reusenflechter in Ponte und langohriger Langholztransport in Sant'Angelo. Rechts der malerische Hafen von Sant'Angelo.

BOUTIQUE ANGELA
BAR

POPOLARE

Links: Kirche Maria Soccorso (oben) und Corso Umberto in Forio. Oben: Via Roma in Porto. – Folgende Seiten: Castello Aragonese.

Vorhergehende Seite: Links die Thermalgärten von Casamicciola (oben) und Sant'Angelo (Mitte, unten), rechts der Poseidongarten. – Links: Fontana; oben: Gipfel des Epomeo und der ausgetretene Eselspfad dorthin. – Folgende Seiten: Blick vom Epomeo auf Forio; Sonnenuntergang hinter Schirmpinien.

spiegel, jedoch mit den eigenen Küsten- und Badeorten *Maronti* und *S. Angelo,* sowie *Casamicciola,* 5,60 Quadratkilometer, und *Lacco Ameno,* 2,07 Quadratkilometer groß, an der Nordküste.
Die Ischitaner wohnen ziemlich eng aufeinander, am engsten wohl in *Ponte,* das, als es noch *Celza* hieß, im 17./18. Jahrhundert eine Ansiedlung reicher Leute war, die in der Nähe des mächtigen Kastells wohnen wollten. Nirgends sind die Häuser so hoch wie in Ponte, Fassaden, Fenster, Balkone, Wäsche, Treppen, Dachrinnen, Ecken und Kanten türmen sich übereinander.
Ganz anders die zweite besonders dicht besiedelte Gemeinde am anderen Ende der Insel im Westen: *Forio* mit seinen arabischen Bögen, niedrigen Häusern zwischen stumpfen, gedrungenen Türmen, vielen Kirchen und hautengen Gassen, in denen man die Chance hat, die meiste Zeit des Tages im Schatten zu bleiben.
Der Stadtteil Porto der Gemeinde Ischia ist das Geschäftszentrum mit den meisten Geschäften, den größten Hotels, den modernsten Nachtklubs, dem bedeutendsten Hafen, den höchsten Stapeln von Weinkisten, den meisten Taxis und dem dichtesten Verkehr.
Ganz anders wieder, versteckt, klein, fast verspielt, das Traumziel manches Festlandtouristen, ein Ferienort von Individualisten, Intellektuellen und Ärzten, die hier einmal im Jahr zu einem Rheumasymposium zusammenkommen, und der noch nicht einmal eine selbständige Gemeinde ist: Sant' Angelo.
Weiße Häuser sind an die Felsen geklebt, Autos müssen vor dem Ortsausgang geparkt werden, zwischen den Häusern gibt es vermutlich mehr Treppen als ebene Wege, auf der Piazza spielt sich das ganze Leben ab, sofern die Gäste sich nicht nebenan am großen Strand oder in den Thermalbädern räkeln. Auf der Piazza findet man viel von dem, was zu einem richtigen Urlaubsgenuß gehört: Bar, Restaurants, Friseur, Zeitungsverkäufer, Boutiquen, Boote zum Mitfahren, bunte Tische und Stühle, Blumen, freundliche Menschen – und kein einziges Auto oder Motorrad.
Drüben der Felsen heißt *Roja,* sprich »Rocha«, denn der Name kommt aus dem Spanischen. Muß es italienisch sein, so heißt er *La Roia.* Oben auf dem Gipfel in 106 Meter Höhe stehen die Reste eines Turmes aus dem 16. Jahrhundert, er wurde 1809, als es Ärger mit den Briten gab, zerstört.
Der schmale Landstreifen von der Piazza hinüber zum Felsen, der verhindert, daß La Roia eine Insel wird, ist 119,5 Meter lang und an seiner engsten Stelle 29 Meter breit.
Der Ortsteil *Fontana* ist der höchste Ort auf der Insel. Nahe der

Kirche befindet man sich 452 Meter über Meeresspiegel. In Fontana wird Landwirtschaft betrieben, Esel werden gezüchtet – die einzigen auf der Insel –, und Touristen sind gerne bereit, mit den Eseln oder per Maultier auf den Epomeo zu reiten, besser sich tragen zu lassen.
Serrara ist da schon wesentlich stattlicher, es liegt aber tiefer, 366 Meter. Dafür bietet es zauberhafte Aussichten aufs Meer nach Süden, und zwischen Kirche und Rathaus hat es einen Torbogen, der für empfindsame Gemüter eine enge Verbindung zwischen Staat und Kirche deutlich machen mag.
Zwischen Serrara und Fontana liegen die Häusergruppen von *Noia* und *Calimera.* Sie sind griechischen Ursprungs. *Noia* heißt etwa hoch gelegener Weideplatz, und *Calimera* heißt »Guten Tag«, aber hier bedeutet es schöne Landschaft. Zwei einsame Plätze, von der Welt, die da im Auto vorbeisaust, vergessen. Fährt man in Richtung Serrara talwärts, so achte man in dieser Gegend nach einer Haarnadelkurve auf die Höhlenwohnungen auf der anderen Seite der Schlucht. Sie sind – jedenfalls im Sommer – bewohnt.
Auf dem Wege von Serrara nach Sant' Angelo kommt man durch *Ciglio* und *Succhivo.*
Succhivo wirkt blitzsauber mit seinen kleinen weißen Häusern und den Flachdächern mitten im Grün, und *Ciglio* hat die schönsten Tuffsteinhäuser. In die großen Steine wurden entweder ganze Häuser hineingebohrt, oder man setzte auf den großen Stein ein Haus und nutzte den Stein selbst als Keller. Das kann sehr lustig aussehen, so, als ob das Haus aus dem Stein herausgewachsen ist oder der Keller sich Luft machen wollte und an die Erdoberfläche gestiegen ist.
Bekanntestes Tuffsteinhaus von Ciglio ist *La Pietra di Cazzuoli,* ein Zweifamilienhaus mit bunt gestrichenen Fensterrahmen und Fernsehantenne auf dem Dach, Verzeihung, auf dem Stein.
Barano ist eine Landgemeinde. Sie reicht vom Marontistrand bis in die Berge hinter Fiaiano; zu ihr gehören die für die Insel so charakteristischen Dörfer *Buonopane, Chiummano, Molara, Piedimonte, Fiaiano und Testaccio,* dessen Dampfbäder einst weltberühmt waren. Barano war vor zweitausend Jahren der berühmteste Badeort der Insel, der Name bedeutet vermutlich Bad. Die alte Art des Badens wird heute noch in *Cava Scura* gepflegt. Der Ort hat sich lange bei der Entwicklung des Fremdenverkehrs etwas abwartend verhalten, dann aber neue Akzente gesetzt, die ihn zum kulturellen Mittelpunkt der Insel machen sollen. In jedem Jahr finden in Barano Konzerte, Ausstellungen, Symposien mit Künstlern von internationalem Rang statt. Die Musikwochen im Juni und Juli heißen *»Barano Si Fa*

Musica – Barano musiziert«. Auch für die Pflege der Natur ist Barano aktiv. In jedem Frühjahr säubern hundert junge Baraner die Strände, Schluchten, Umgebung der heißen Quellen, Weinberge, Wälder und Wanderwege.

Die Männer von Barano konnten gut tanzen, heißt es. Noch berühmter waren die Leute von *Buonopane,* sie tanzten den *N'drezzata.* Achtzehn Tänzer, zwei Musikanten und ein Anführer gehören dazu. Sie sind in zwei Gruppen eingeteilt, unterscheiden sich in der Kleidung und sind mit Holzstöcken und Holzsäbeln bewaffnet. Die einen sagen, der Tanz ist eine Erinnerung an die Zeit, in der die Ischitaner ihre Insel ziemlich oft gegen Räuber zu verteidigen hatten, andere glauben, der Tanz symbolisiere den Kampf der Geschlechter. Tatsächlich spielt sich die Sache auch choreographisch so ab, daß zunächst je einer gegen einen, dann aber in immer wilder werdendem Tempo zwei Gruppen gegeneinander kämpfen. Ein anderer Tanz, der *'U Pnton,* hat ebenfalls eine uralte Tradition. Er geht auf die Sitte zurück, dem Nachbarn beim Hausbau zu helfen. Wenn der Bau so weit war, daß das Flachdach mit einer Mischung von Kalk und Lavasteinen gedeckt werden konnte, kamen alle Männer der Umgebung zu Hilfe. Mit Stöcken tanzten – und tanzen – sie zu Klängen von Klarinette, Flöte oder Pfeife in immer schneller werdendem Rhythmus um die Dachkuppel herum und stampfen das Dach fest. Auf beide Tänze sind die Bewohner von Buonopane sehr stolz. Die Kunst, sie zu tanzen, wird in den Familien vererbt.

Barano wurde einst als das Bad der Insel abgelöst von *Casamicciola,* heute ist wiederum Casamicciola von anderen abgelöst. Wenn man durch den schon fast städtisch wirkenden Ort geht, spürt man ein wenig Hauch des letzten Jahrhunderts.

Man kann sich ungefähr vorstellen, wie das damals war, als der Ort noch die Königin der Thermalbäder genannt wurde, als die Herzogin von Kurland hier kurte, Ludwig der Erste von Bayern Kummer mit der jungen Marchesa Marianna Fiorenzi hatte (man lese die reizende Geschichte nach in Paul Buchners schönem Buch »Gast auf Ischia«, in dem der deutsche Professor so liebevoll und sorgfältig Briefe und Memoiren über Ischia zusammengetragen hat).

Oder als die Familie von Humboldt hier Ferien hielt, als Goethes Enkel, der Dr. Wolf von Goethe, mit seiner Mutter nach hier kam, um seine Gesichtsschmerzen loszuwerden. Oder als Henrik Ibsen drei Akte seines Schauspiels »Peer Gynt« hier schrieb.

Am 28. Juli 1883, als das große Erdbeben kam, ging alles zu Ende. Aber nach wie vor hat Casamicciola die meisten Thermalquellen auf

der Insel, immer noch ist die Marina der Mittelpunkt des Ortes, und immer noch stehen Pensionshäuser auf dem Hügel von Sentinella.
Der Name Casamicciola soll sich auf die Heilkraft dieser Gegend beziehen. Man erzählt sich, eine alte Dame habe in alter Zeit hier eine warme Quelle entdeckt, deren Wasser ihr gebrochenes Bein geheilt habe. Die Dame hieß Signora Nizzola, daraus wurde Casanizzola und dann Casamicciola.
Die kleinste der sechs Ischiagemeinden, jedoch in mancher Hinsicht die feinste, ist *Lacco Ameno.* Das gilt zumindest, was die Finanzstärke mancher Feriengäste anbelangt. Das bekannteste Luxushotel der Insel liegt in der Bucht am Fuß des Monte Vico: das Albergo Regina Isabella mit dem Anhängsel Royal Sporting. Oben auf dem Berg, von weit her zu sehen, steht eins der modernsten Hotels der Insel, das erstklassige San Montano mit einer wundervollen Aussicht nach allen Seiten.
Lacco Ameno hat die radioaktivsten Quellen der Welt, sie liegen gleich neben den teuren Hotels.
Noch ein Superlativ: Lacco Ameno ist der älteste Ort der Insel. Hier gingen vor 2800 Jahren Siedler aus Euböa an Land, ehe sie weiterzogen, um die älteste griechische Kolonie auf dem italienischen Festland, Kyme, später Cumae, heute Cuma, zu gründen. Zwei Fähigkeiten brachten sie mit, die für die Entwicklung Europas nicht ganz ohne Bedeutung und Folgen blieben: die Kunst, zu schreiben und eine Fischsuppe zu kochen. Letztere wurde als Bouillabaisse berühmt.
So erzählt man sich das jedenfalls auf Ischia. Nach einer anderen Darstellung beginnt die Geschichte von Ischia etwa 1050 vor Christus, als Griechen aus *Chalkes* und *Eritrea* auf der Insel siedelten, sich aber bei dem Ausbruch eines Vulkans auf dem Monte Rotaro gegen Ende des sechsten Jahrhunderts vor Christus nach Cumae flüchteten und später mit den Cumanern nach Ischia zurückkehrten.
Daß Griechen auf der Insel siedelten, weiß man seit 1952 ganz genau. Damals begann der Archäologe Giorgio Buchner, Sohn des Zoologen Paul Buchner, in *Lacco Ameno* Gräber aus der griechischen Zeit freizulegen. Das Grabungsfeld sieht man rechts liegen, wenn man die Straße von Lacco zur Bucht von Montona geht.
Das Christentum auf Ischia hinterließ in Lacco Ameno seine ältesten Spuren. Unter der Kirche der *heiligen Restituta* kann man nicht nur griechische und römische Ruinen, sondern auch Gräber aus der Urchristenzeit sehen.
Die heilige Restituta ist eine afrikanische Märtyrerin, die verfolgt und gefoltert, auf ein Boot mit offenem Feuer gesetzt wurde, damit sie

verhungern, verbrennen, verdursten und ertrinken sollte. Sie wurde in der Bucht von Lacco Ameno angetrieben. Das geschah am 17. Mai im sechsten Jahrhundert. Seitdem blühen in jedem Mai in der Bucht von Lacco Ameno weiße Lilien wie sonst nirgendwo auf der Insel. Und vom 16. bis zum 18. Mai wird jedes Jahr in Lacco Ameno das Fest der heiligen Restituta gefeiert. Eingeleitet wird es durch eine Prozession in der Bucht von San Montano in der Abenddämmerung des 16. Mai. Dann leuchten Hunderte von Lichtern auf dem Meer.
In der Kirche S. Restituta kann man die Leidensgeschichte der Heiligen auf Bildern verfolgen.
Noch etwas, das in aller Welt bekannt ist, kommt aus Lacco Ameno. Wer weiß schon, wenn er sich eine Fangopackung verschreiben läßt, daß es ein Ortsteil von Lacco Ameno ist, der diesem grauen, heißen Schlamm den Namen gab.
Fango aus *Fango* ist auch heute noch das, was der Kognak aus Cognac ist. Die graue Tonmasse mit den aufgeschlämmten Teilchen der vulkanischen Trachyten, von den wilden Wassern und dem Mineralwasser aufbereitet, ist immer noch in dieser Gegend von besonderer Qualität. Die Wirkung von Fango gegen Muskelverspannungen, Rheuma, Ischias ist weltbekannt.

Häuser und Höhlen *Architektur*

Normalerweise wohnen die Ischitaner in ganz normalen Wohnungen. Die Höhlen- und Tuffsteinwohnungen von Noia und Ciglio sind Ausnahmen. In eine solche Wohnung kann man ohne größere Schwierigkeiten hineinsehen. Sie hat in der Regel weder einen Hausflur noch einen Vorraum. Beim Vorübergehen kann man bis zur Rückwand schauen, an der das Bett steht, ein Kruzifix mit ewigem Licht und das Bild des Großvaters hängen, geschmückt mit ein paar Blumen. Dasselbe gilt für viele Geschäfte. Ob Schuster, Schneider, Obsthändler, Pizzabäcker, alle findet man fast auf der Straße, und wenn sie nicht arbeiten, sitzen sie vielleicht erst recht vor der Tür.
Architektonisch fallen dem Besucher aus dem Norden zwei Erscheinungen besonders auf. Es gibt keine Giebel, die Häuser haben flache Dächer, und überall sieht man Rundungen, Bögen, meist in Weiß, die dem Ganzen einen maurischen Glanz geben.
Viele Ischitaner bauen ihr Haus selbst, oder die Eltern bauen es für die Kinder. Es muß überkommen oder angeboren sein, mit welcher Fertigkeit sie die Bögen ziehen, in welcher Harmonie sie das Rund in

die kubische Form ihrer Häuser einfügen. Das wird an ganz einfachen Beispielen klar: an den steinernen, halbrunden Pforten vor den Weinbergen. Man achte auch auf die Treppen, die gern außen angelegt werden und ebenfalls zur großartigen Harmonie des ganzen Baukörpers gehören.

Die flachen Dächer werden so hergestellt, wie es die Alten schon getan haben: Sie werden mit Lapilli, dem vulkanischen Kies, belegt und festgestampft. Da dieses Stampfen, wenn man es auf die alte Weise mit Holzstampfern vornimmt, eine nicht leichte Arbeit ist, wird sie durch die Hilfe des Nachbarn und Musik erleichtert. Man macht ein Fest daraus. In einer Ecke auf dem Dach wird musiziert, in der anderen Ecke gestampft.

Die Liebe zum Rundbogen in der Architektur wird auch an den Kirchen deutlich, viele Kirchen auf der Insel haben Kuppeln oder ein Tonnengewölbe.

Manches Gitter spricht für die Liebe zur geschwungenen, eleganten Form, die das Protzige vermeidet. An der Straße von Porto nach Barano kann man rechts vor den Pilastri eine Werkstatt sehen, in der solche Gitter geschmiedet werden.

Der Natur der Insel verdanken die Weinbauern eine ganze Menge von Bauten, die wirtschaftlichen Zwecken dienen. Aus den Tuffsteinfelsen wurden nicht nur Höhlenwohnungen, sondern auch viele Weinkeller. Hoch oben in den Bergen findet man sie, oft versteckt hinter stacheligem Gestrüpp, wild überwachsen, mit kleinen halbdunklen Zugängen. Oft wird der Wein hier gekeltert und in großen Fässern gelagert. Und wenn man schon in eine solche Cantina nicht hineingehen kann, so sollte man wenigstens die Nase zwischen die Holzgitter stecken, um den Duft der großen Weinwelt von Ischia einzuziehen. An anderen Stellen verdanken es die Weinbauern dem Unfrieden, daß sie heute auf ihren Bergen recht praktische Lager- und Gerätehäuser haben: Sie nutzen die alten Wehrtürme, die einst gegen die Sarazenen beziehungsweise deren Überfälle angelegt wurden.

Geheimnisvolle Orte *Grotten*

In der *Falanga,* im großen Kastanienwald westlich unterhalb des Epomeogipfels, wurden früher die Tuffsteinhöhlen noch auf eine ganz andere Weise genutzt: Hier stapelte man den Schnee, der im Winter hin und wieder auf den Epomeo fiel, bedeckte ihn mit Laub und konservierte ihn auf diese Weise so effektiv, daß er im Sommer

verkauft werden konnte. Sogar bis Ägypten exportierte man ihn. Was da wohl ein Pfund Schnee gekostet haben mag?
Ungenutzt, es sei denn als Touristenausflugsziel, sind die Grotten an der Küste. Aber sie spielen ihre Rolle im Leben Ischias, es gibt viele Geschichten um sie. Die Entstehungsgeschichte dieser dunklen tiefen Einschnitte in die Felsenküste ist simpel: Das Wetter hat den leichten Tuffstein ausgehöhlt. Auch das Auf und Nieder der Insel kann man an ihnen ablesen, etwa dort, wo die Grotte einige Meter über dem heutigen Meeresspiegel liegt. Man kann sehen, um wie viele Meter sich die Ischiaerde inzwischen angehoben hat. Gleiches sieht man auch deutlich auf dem Wege zwischen Neapel und Ischia vom Schiff aus in der Nähe von Kap Miseno.
Die berühmteste, wenn auch keineswegs sehenswerteste Grotte auf Ischia – kein Wegweiser zeigt sie an – ist die Grotte der Sibylle von Cumae, *Grotta della Sibilla,* unterhalb des Friedhofes von Casamicciola bei Castiglione. Hier hat, so heißt es, einst die Sibylle aus dem gegenüberliegenden Cumae eine Zeitlang als politischer Flüchtling gelebt. Die Sibylle hat ja ihren Platz in der Weltgeschichte, weil sie als erste die Geburt des Erlösers voraussagte. Sonst ist noch bekannt, daß sie von Apoll so viele Lebensjahre zugebilligt bekam, wie sie Sandkörner in einer Hand halten konnte.
Als sehr sehenswerte Grotte gilt die Grotte des Zauberers, *Grotta del Mago* und *Grotta di Fisciello* genannt. Sie liegt an der unzugänglichen steilen Küste zwischen Ponte und dem Cap San Pancrazio. Ein Besuch lohnt sich vor allem zwischen 12 und 14 Uhr. Dann spiegelt sich das Sonnenlicht im Innern der Grotte auf dem Wasser und gibt ihr einen geheimnisvollen grünen Schein. Die Grotte soll in der Antike ein Ort der Sonnenanbetung gewesen sein, was bei dem grünen Mittagsschimmer kein Wunder ist. Zu Fuß ist die Zaubergrotte nicht zu erreichen. In Ponte oder Sant' Angelo kann man ein Boot mieten. Man sollte den Preis vorher aushandeln.
Die Grotte ist ungefähr dreißig Meter lang, man kann bequem mit dem Boot hineinfahren, wer Lust und Mut hat, kann dann auch noch eine zweite dahinterliegende Grotte erleben. Er muß nur aus dem Boot aussteigen und schwimmen.
Nicht weit von der Zaubergrotte entfernt liegt die *Grotta Verde.*
Ganz räuberische Dinge erzählt man sich von den Höhlen über dem Meeresspiegel südwestlich von Panza. Hier unter den Felsen des Punta Imperatore liegt ein Labyrinth, *la Grotta di Mavone.* Seeräuber sollen sich in alter Zeit hier versteckt haben. Die unterirdischen Gänge und Hohlräume sind groß genug für ganze Kompanien von

Seeräubern einschließlich ihrer Beute. Es spricht also einiges dafür, daß die Geschichte wahr ist.

Unterhalb vom Monte Vico bei Lacco Ameno liegen die *Grotta Spuntatore* und die *Grotta degli Scorpioni.* Hier sollen sich die fettesten Polypen der Gewässer um Ischia gern aufhalten und fischen lassen, was einen richtigen Sporttaucher und -fischer dem Vernehmen nach sehr reizt.

Auch das Wahrzeichen von Lacco Ameno, der *Fungo,* der Pilz, gehört zur Sippe der Grotten. Unter seiner Gürtellinie respektive Wasserlinie befinden sich gleich mehrere Grotten. Das macht die Geschichte, die man um den Fungo erzählt, glaubhafter. Ein Knabe und ein Mädchen im zarten Alter, so lautet die Geschichte, wurden von einer Zuneigung befallen, die der Umwelt unpassend erschien. Sie wollten auf ihre Liebe nicht verzichten und flohen vor der bösen Umwelt auf das weite Meer. Doch schon nach wenigen Metern, dort wo heute die Fungo steht, kenterten sie in ihrem kleinen Boot und ertranken. Die gute Natur errichtete ihnen daraufhin einen Grabstein im Meer, den Fungo. Unterstellt man, daß der Fungo damals schon stand und die Grotten noch über dem Meeresspiegel lagen, könnte sehr wohl der Schluß gezogen werden, daß die beiden Liebenden zunächst in den Grotten Zuflucht fanden und dann verschwanden.

Wohin denn nun – bei Tag und Nacht?

Urlaubsaktivitäten

Strände bieten sich an jeder Seite der Insel an, insgesamt an rund zwei Dutzend Stellen. Die einen erreicht man direkt mit dem Auto, die anderen nach einigem Klettern felsab. Da die Kletterpartien nur von wenigen gefunden und geschätzt werden, sind die Strände unter den Felsen die einsamsten. Da wären zu nennen die Felsenbuchten mit Strand südöstlich von Chiummano oder die kleine Bucht östlich von Capo Negro südlich Panza. Am einfachsten kommt man zu einer der stillen Buchten mit den Mini-Stränden, wenn man sich von einem Fischer in Ponte oder Sant'Angelo übersetzen und wieder abholen läßt. Auch hier gilt: Preis vorher vereinbaren.

Spiagge, spiagge!

Strände

Badestrand heißt auf italienisch *Spiaggia.*
Jeder Ort hat einen Freistrand = *Spiaggia libera.* Privatstrände, an denen man für Service und Liegestuhl zahlen muß, sind sauber.
Die berühmtesten und gerühmtesten Strände der Insel liegen bei Ischia, Porto und Ponte, in der Bucht von Maronti und an der Westküste bei Forio.
Das sind sie:
Spiaggia degli Inglesi, der »Strand der Engländer«, liegt an der Nordküste unmittelbar neben der Hafenausfahrt von Porto. Ein kleiner, versteckt liegender Strand mit Bedienung, der von Porto leicht zu Fuß zu erreichen ist.
Der *Freistrand von Porto* liegt östlich des Hafens. Er ist ein Treffpunkt für die Ischitaner.
In Richtung Ponte folgen:
Lido d'Ischia mit kleineren Abschnitten, die von privaten Unternehmern betreut werden. Viel Betrieb herrscht oft an der benachbarten *Spiaggia dei Pescatori,* dem Strand der Fischer, an dem tatsächlich zahllose Fischerboote liegen, was diesen Strand fast zu einer Folkloredarbietung macht.

Südlich von Ponte liegt ein besonders reizvoller und wegen der unterirdischen heißen Ströme warmer Strand, was man auch im Wasser selbst spürt:
Spiaggia di Cartaromana. Der Strand ist schmal, der Sand ist braun, unter Wasser liegen noch Gegenstände, die von den Römern hinterlassen wurden. Einige wurden von Sporttauchern schon gefunden. Um zu Fuß zum Strand zu kommen, muß man einhundert Stufen hinuntersteigen. Bequemer ist es, sich von Ponte mit dem Boot übersetzen zu lassen. Dafür geht es in Cartaromana sehr ruhig zu. Es gibt zwei Restaurants und im südlichen Teil zwischen großen Tuffsteinfelsen natürliche Meerwasserbecken, in denen das Wasser bis zu vierzig Grad warm sein kann. Manche werden von mehreren Strandbesuchern zugleich als eine Art Familienbadewanne genutzt. Das alles kostet nichts. Am bequemsten kommt man mit dem Wassertaxi von Ponte nach Cartaromana. Der Fußweg ist nicht leicht zu finden; der Strand ist zweigeteilt. Zum vorderen Teil geht man von Ponte durch die G. B. Vico bergauf, dann links durch die Nuova Cartaromana, oberhalb der Badeanstalt Garten Eden entlang, vorbei an den Felsen von Sant'Anna bis zum Ende der Straße. Von dort führt eine Treppe hinunter zum Strand. Zum Strandabschnitt mit den Felsbadewannen kommt man hier jedoch nicht. Das Restaurant »Pirat«, auf Pfählen ins Wasser gestellt, verhindert das. Der Weg zum hinteren Abschnitt verläuft so: Mit dem Bus Linie 8 – oder zu Fuß – von Ponte bergauf bis San Michele; dann links durch die Via Vecchia Cartaromana am Friedhof vorbei bis zum Ende. Von hier gibt es einen Hohlweg zum Strand. Der Zugang liegt versteckt neben einem verschlossenen Tor. Diesen Einstieg erreicht man auch von der tiefer gelegenen Via Nuova Cartaromana über die Treppen des Hotels »Nymphe«.
An den schmalen Stränden an der Nordküste bei Casamicciola und Lacco Ameno baden meist Einheimische.

Hinter Lacco folgt wieder ein touristischer Strandhöhepunkt:

Spiaggia San Montano – die Badebucht gilt als besonders fein. Das Wasser ist flach, deshalb besonders für Kinder geeignet. Am Strand kann man Kabinen mieten, muß das aber nicht tun.
Um die Ecke nach Westen herum folgt die Seite Ischias mit den längsten Stränden:

Spiaggia San Francesco und *Spiaggia della Chiaia,* zwischen der Nordweststrecke Ischias, der Punta Caruso und Forio, gehen ineinan-

Mancher Strand ist am einfachsten mit dem Boot zu erreichen.

der über. Sie erinnern am ehesten an einen deutschen Strand, auch was den Betrieb anbelangt. Zusammen sind sie zwei Kilometer lang.
Südlich von Forio liegt ein langer Strand in der *Bucht von Citara.* Er gehört zum Teil zu den Poseidongärten, der größen Thermalbadanlage der Insel. Für den Strandbesuch wird ein Eintrittsgeld gefordert.
In *Sant'Angelo* gibt es hier und da ein Stück Strand, aber das Nonplusultra der ischitanischen Strände folgt erst hinter oder neben dem Ort: *Spiaggia dei Maronti,* der Marontistrand, zwei Kilometer lang, warm unter der Erde, auf dem Sand und im Wasser, ohne jeden Fahrzeugverkehr, zum Süden gewandt, mit Restaurants auf Stelzen,

sehr gepflegten Hotels und seiner eigenen Geschichte: Maronti war die Bucht der Seeräuber. Da sie vom Land her kaum zu erreichen war – die einzige Straße, die zum Strand hinunterführt, wurde erst nach dem Kriege gebaut –, bot sich hier für die Räuber die beste Gelegenheit, ihre Beute zu lagern. Das geschah am sichersten in den Tuffsteingrotten über dem Strand. Eine solche Grotte gibt es heute noch auf dem Gelände des Hotels Parco Smeraldo. Sie wird allerdings von dem erstklassigen Haus zu anderen Zwecken genutzt.

Die trockene Rundfahrt

Porto, Barano, Serrara, Panza, Forio, Lacco Ameno, Casamicciola, Porto

Vor oder nach dem Baden kommt ganz gewiß die Stunde, da man Lust verspürt, sich die Insel einmal ringsherum anzusehen. Wie man das anstellt, dazu sind nicht viele Überlegungen nötig. Es gibt nur zwei Möglichkeiten: die Rundfahrt auf der Straße oder auf dem Wasser. Beide sind zu empfehlen. Beide zusammen ergeben erst den richtigen Rundblick.

Die Rundfahrtomnibusse fahren in der Regel im Uhrzeigersinn, die Boote gern umgekehrt.

Der Bus startet am Hafen in Porto, es geht von hier aus zuerst auf die Bergstrecke oberhalb der Südküste nach Westen.

Zunächst kommt – noch im Ort Ischia – der große Pinienwald mit den vielen vornehmen Villen. Er steht auf der Lava des Ausbruches von 1301, der *Arso-Krater* liegt rechts oberhalb der Straße. Auf dem Lavastrom, der bis zum Meer bei Punta Molino führt, pflanzte Giovanni Gussone, Hofbotaniker König Ferdinands II. von Bourbon, in der Mitte des vergangenen Jahrhunderts die Bäume an.

Früher war der Wald Privatbesitz. Dann übernahm ihn die Gemeinde und schuf den ersten großen Kurpark der Insel. Er streckt sich bis zum Meer bei der Punta Molina, nur unterbrochen vom Corso Vittoria Colonna. Der Park ist gepflegt, die Wege sind sauber, auch die vielen Bänke zum Ausruhen im Schatten; an den Eingängen steht „Willkommen“, abends werden die Bäume angestrahlt, auf Schildern kann man erfahren, von welcher Art sie sind. Deutsche Gäste setzten im Park 1892 ein Denkmal. Auf ihm steht:

Gewidmet dem Freunde dieser Stätte
Anton Dohrn
dem Meister der Forschung
lauter und fest im Denken und Thun.

Der Zoologe Anton Dohrn, geboren 1840 in Stettin, gestorben 1909 in München, gründete 1870 die weltberühmte zoologische Station zur Erforschung der Meeresfauna in Neapel.
Am Ortsrand wird der Blick freigegeben. Vorbei geht es an wuchtigen Basaltfelsen, die der Insel seit Jahrhunderten zum Weg- und Straßenpflaster verholfen haben. Links oben liegen *Sant'Antuono* und *Campagnano,* rechts *Fiaiano,* der kleine weiße Ort am Rande des Arso-Kraters, mit der Aussicht auf Porto und den Golf. Etwa bei Kilometer fünf kommen die *Pilastri,* ein Aquädukt, das keineswegs aus der Römerzeit stammt, wie mancher gern vermuten möchte. 1590 wurde mit dem Bau begonnen. 1673 wurde er ausgebaut. Bauherr war der Bischof Girolamo Rocca. Aber seinen Zweck, nämlich Wasser von der Quelle bei Buceto nach Ischia fließen zu lassen, erfüllte die Anlage erst 1785, als auch das letzte Stück Wasserleitung fertig war. Übrigens ist das Problem der Wasserversorgung für die Insel erst 1956 richtig gelöst worden. Seitdem gibt es eine Wasserleitung unter Wasser vom Festland zur Insel.
Gleich hinter den Pilastri liegt eine große Kelterei und Kellerei der Insel, die *Cantina Sociale.*
Die Straße schwingt sich durch einen großen Garten weiter nach *Casabona* und *Piedimonte,* die Abzweigung rechts führt zum zwei Kilometer entfernten Fiaiano. Am Ortseingang von Barano zweigt nach links eine Fahrstraße ab, die nach dem letzten Krieg gebaut wurde und in kühnen Serpentinen hinunterführt zum Strand von Maronti. Über einen steilen Pfad mit vielen Treppenstufen kann man Maronti auch in zwanzig Minuten von hier aus zu Fuß erreichen. Die Rundfahrtbusse fahren nicht hinunter. Die Straße nach Maronti ist eine Sackgasse.
Die Ortsmitte von *Barano* vermittelt einen nicht reizlosen Eindruck ischitanischen dörflichen Daseins. Neben der Post liegt eine kleine *Trattoria,* am Zeitungskiosk werden auch Ansichtskarten angeboten, die Leute begrüßen sich durch Zuruf quer über die Straße, für den schattigen Platz in der Ortsmitte hat man es schon zu ein paar Bänken unter den großen Dattelpalmen gebracht, und oben quer steht die Kirche und blickt ebenso ernst wie würdig über das Geschehen in Barano.
Nur wenige hundert Meter nach dem Ort kommt der erste große Ausblick auf die Südküste, das Meer und – je nachdem wie diesig oder klar es ist – *Capri.* Auch der Felsen von Sant'Angelo taucht nun auf. Er begleitet die Rundfahrt noch ein ganzes Stück.
Immer wieder gibt es einen weiten Blick nach links auf die Schluchten

der Südhänge und das Meer, rechts stehen nah und hoch die Felsen mit dem höchsten Gipfel, dem *Epomeo*.
Einen Kilometer hinter Barano überquert die Straße auf einer Brükke eine tiefe Schlucht, die *Cava Candiano*. Unmittelbar dahinter beginnt der Fußsteig zur Quelle von *Nitrodi*. Sie ist in ein paar Minuten zu erreichen (s. S. 63).
Der nächste Ort heißt *Buonopane*. Im Vorbeifahren kann man in die Wohnungen der Buonopaner sehen, hier und da auch in einen Weinkeller; etwas rechts von der Ortsmitte liegt die Kirche, die wie eine Tonne gebaut ist. Sie heißt *San Giovanni Battista* und ist über vierhundert Jahre alt.
Die nächsten vier Kilometer geben Anlaß zur Erinnerung, wie meisterhaft man es in Italien versteht, Straßen zu bauen. Sie geben ferner Anlaß zum Erstaunen, wie einfach es offenbar für einen italienischen Busfahrer ist, sein Gefährt durch Haarnadelkurven zwischen Weinterrassen hindurch bergauf in rasantem Tempo zu steuern. Aber er hat ja seine Geheimwaffe, die Hupe. Vor der Kurve wird gehupt, vor besonders engen und unübersichtlichen Kurven mit der zweitönigen Omnibus-Sonderhupe. Kommt kein Ton zurück, ist alles klar, kommt ein einfacher Ton zurück, weiß man, daß sich da etwas Kleineres nähert, ist der Gegenruf zweitönig, nimmt man ein bißchen mehr Rücksicht, denn da nähert sich ein anderer Bus.
In *Fontana* ist der höchste Punkt der Fahrt erreicht: 452 Meter über Meeresspiegel. Am Straßenrand kleine Häuser, ein paar kleine Trinkstuben mit Perlenschnüren in der Tür, ein kleiner Platz mit einer kleinen Kirche, in Fontana ist alles ziemlich klein. Auch die Esel, die hier für den Aufstieg zum Epomeo angeboten werden. Die Maultiere sind ein bißchen größer.
Hinter Fontana geht es bergab. *Serrara* und *Panza* tauchen auf. Aber erst, einen halben Kilometer nach dem Ort, geht es noch vorbei an der alten griechischen Siedlung von *Noia,* und an der nächsten Haarnadelkurve kann man links auf der anderen Seite der Schlucht die Höhlenwohnungen von Noia liegen sehen. Am Straßenrand liegen Tuffsteinhöhlen, die als Wein- oder Gerätekeller dienen, und wenn man Glück hat, kann man vielleicht sehen, wie eine Bäuerin gerade ihren Felsenkeller mit der Axt ein bißchen vergrößert. Bei Tuffstein kann man das so machen. Man kann ihn sogar mit einem guten Messer schneiden. Erst an der Luft wird er hart.
In *Serrara* ist die Pause obligatorisch. Der Bus hält vor der grandiosesten Aussichtsterrasse der Rundfahrt. Das Panorama reicht über weite Strecken der Südseite Ischias. Der Felsen von Sant'Angelo liegt

mitten davor. Man würde seinen Fuß übrigens von hier aus in einem Abstieg von einer knappen halben Stunde erreichen können.
So abenteuerlich, wie es nach Fontana hinaufging, geht es hinter Serrara bergab in Richtung Panza. An einer großen Straßenschleife unter den Felsen des Monte Corvo liegt *Ciglio* mit der Kapelle von *San Ciro* aus dem Jahre 1661, gegenüber liegt eine Quelle an der Straße, die schon in antiker Zeit bekannt war. Heute ist das Örtchen berühmt wegen einiger besonders stattlicher Exemplare von *Troglodytenbehausungen* in großen Tuffsteinfelsen, die irgendwann einmal den Berg herunter bis hierher gerollt sind. Die Namen der bekanntesten Wohnanlagen dieser Art sind: *Pietra di Cazzuoli, Pietra Spaccata* und *Piscina Leggia.*
Dann geht es auf Panza, das Weindorf, zu und damit in die Westebene der Insel, etwas geneigt vor den steilen Felswänden im Osten bis hin zu den großen Stränden von Citara und Chiaia mit dem romantisch-exotischen Forio in der Mitte. Die Landschaft ist voller Wein und hat wenig Bäume. Sie wirkt karg und reich zugleich.
Panza liegt 155 Meter über dem Meeresspiegel. Es hat eine ganze Reihe von Kellern, einst Gefängnisse, heute Weinkeller. Der *Calitto Bianco* kommt aus Panza, er gilt als der weiße Spitzenwein der Insel. Die Kirche mit dem mächtigen Eingang am Platz in der Ortsmitte heißt *Chiesa di S. Leonardo.*
Nach Panza folgt das *Feuerland,* das jedenfalls soll der Name *Cuotto* bedeuten. Die Erde ist hier weiß. Vor Cuotto liegt rechts der Straße das größte und renommierteste Weingut der Insel, es gehört dem Marchese Piromallo di Montebello. Sein großes Haus leuchtet in pompejanischem Rot, die Palmen davor reichen bis zur Dachrinne. In der Nähe liegt das größte Tuffsteinhaus, die *Casa del Defarotto.* Ebenfalls in dieser Gegend kann man *Parracine* sehen, ein Wort aus dem Ischia-Dialekt für die Mauern entlang der Weingärten, die Stein auf Stein ohne Mörtel errichtet wurden. Das hat den Vorteil, daß sie wasserdurchlässig sind. Angeblich halten sie auch Erdbeben besser stand, weil sie elastischer seien als vermörtelte Mauern.
In Cuotto gibt es doppelten Anlaß zum Stopp. Zwei Restaurants bieten einen weiten Blick auf Bucht und Strand von Citara, das eine hat als Zugabe noch den Blick auf eine *Fumarole,* eine Rauchsäule. Es gibt *Sorriso,* den süßen Wein, und als musikalische Untermalung werden auf dem Schifferklavier italienische Lieder geboten und internationale Touristensongs à la »Trink, trink, Brüderlein trink . . .«
Den nächsten Anlaß zum Halt gebietet *Forio,* arabisch weiß mit

seinen flachen Dächern, den Kuppeln der Kirchen und den Sarazenentürmen dazwischen, dem Blick auf das Meer, dem Treiben auf dem Corso. Es gibt einiges, das man in Forio gesehen haben »muß« oder jedenfalls so sehenswert ist, daß es einen kleinen Abstecher vom geraden Wege durch oder an Forio vorbei lohnt. Dazu gehört vielleicht die Barockfassade der *Heiligen Maria Loreto,* aber vor allem die Kirche von *Soccorso.* Sie steht – Wächter oder Signal für die Seeleute – auf Ischias westlichstem Vorsprung.
Bei klarer Sicht kann man von hier die Inseln *Ventotene* und *Ponza* sehen, und wenn man Glück hat, erlebt man bei Sonnenuntergang in dem Augenblick, in dem die Sonne den Horizont berührt, den *grünen Strahl.* Das ist ein Lichtphänomen, das noch niemand erklären konnte. Es tritt selten auf, aber bei klarem Wetter sammeln sich immer an der Kirche von Soccorso Menschen und warten auf den grünen Strahl. Wer ihn gesehen hat, schwärmt davon. Aber auch wer den grünen Strahl nicht sieht, wird einen Sonnenuntergang erleben, der es mit jeder Postkartenstimmung aufnehmen kann.
Der Kirchplatz von Soccorso bietet doppelte Aussicht. Dreht man sich von der Sonne ab, sieht man die Stadt mit ihrer ganzen fremden Kulisse. Diese wird weniger durch die Kuppeln und Zwiebelhauben der Kirchen – insgesamt gibt es in Forio mehr als zwanzig Gotteshäuser – bestimmt als durch die sieben *Sarazenentürme,* die im 15. Jahrhundert zur Verteidigung der Stadt gebaut wurden. Weitere neun Türme liegen außerhalb der Stadt.
Forio war einst ein von Künstlern besonders geliebter Ort. Die deutschen Maler Eduard Bargheer und Arrigo Wittler, der englische Komödienautor Terence Rattigan und der Musiker William Walton lebten lange in dieser romantischen Stadt. Dann kamen immer mehr Touristen. Die Künstler gingen, aber die Atmosphäre blieb doch.
Die Nordwestecke der Insel am Monte Caruso ist eine bevorzugte Wohngegend für Leute, die es sich leisten können, große weiße Häuser mit weiten Terrassen als Zweitwohnung an den Hängen auf die Felsen zu setzen. Die Familie Sachs-Opel baute ihr Haus östlich der Straße auf den Hügel von Capizzo. Der Weg zu dem Haus ist ein bißchen eng. Jedenfalls erzählt man sich, daß Frau Sachs eigens für den letzten Teil der Strecke einen Fiat 600 kaufen oder sich schenken lassen mußte. Ihr Mercedes war zu groß dafür.
Der Weg zum nächsten Ort, nach *Lacco Ameno,* weicht nördlich von Forio von der Küste ab, er läßt den 56 Meter hohen Monte Caruso und die 102 Meter hohe Guardiola links liegen. Wieder geht es über einige Hügel, und plötzlich taucht Lacco Ameno auf. An der Straße,

die bergab in den Ort führt, liegen die antiken *Stufe di S. Lorenzo,* auch Natursauna genannt. Dann kommt man an einer historisch sehr bedeutsamen Stätte vorbei, der man allerdings ihr geschichtliches Gewicht kaum ansieht. An dieser Ecke der Insel auf und um den *Monte Vico,* der links oben liegt, siedelten sich die ersten Griechen an. Der Archäologe Giorgio Buchner, Sohn des Zoologen Paul Buchner, hat am Fuße des Monte Vico seit 1952 über eintausend griechische Gräber freigelegt; oberhalb dieser Nekropolis, auf dem Gipfel des Monte Vico, lag die Akropolis.

Auch an der Piazza di S. Restituta, die gleich nach der Talfahrt erreicht wird, liegen Schätze aus dem Altertum. Unter der Kirche wurden Gräber aus griechischer, römischer und frühchristlicher Zeit freigelegt, sie sind zu besichtigen. Wenige Meter davon entfernt blüht das moderne Kur- und Sportleben Lacco Amenos, das eine in den Thermen *Regina Isabella,* das andere in den Luxushotels *Albergo della Regina Isabella* und *Sporting* nebst Annex. Die beiden Anlagen sind nicht zu übersehen, wenn man auf der Weiterfahrt Richtung Osten einen Blick auf Ort und Bucht von Lacco Ameno wirft. Oben auf dem Monte Vico steht, von weit her sichtbar, das Hotel San Montano.

Es folgt das letzte Viertel der Rundfahrt, knapp sieben Kilometer lang, die Küstenstraße über Casamicciola Terme nach Porto, die Rivierastrecke der Insel, auf der die Reihe der Häuser kaum unterbrochen wird.

Noch zu Lacco Ameno gehört der berühmte Pilz im Wasser, der *Fungo*, der an die beiden zu jungen Liebenden erinnert, die hier ums Leben kamen. Rechts auf den Hängen liegen die alten Kurviertel der Insel, die ältesten, *Panella, Gran Sentinella, la Rita, Fango, Maio* und *Bagni Terme.* Panella gehört zu Lacco Ameno, hier stand das erste Hotel der Insel überhaupt; die Könige von Belgien, Bayern und Württemberg schliefen hier einst, auch Hans Christian Andersen und der junge Mendelssohn-Bartholdy stehen in der Gästeliste.

Gleich nach dem Pilz beginnt die nächste Gemeinde: *Casamicciola Terme,* das seinen Zusatz *Terme* wegen der über dreißig Quellen völlig zu Recht trägt.

Mittelpunkt des Ortes ist wie eh und je die *Marina,* der Hafen, in dem heute Schiffe direkt anlegen; auch Fährverbindungen nach Neapel und Procida gibt es. Früher mußten die ankommenden Gäste vor der Marina aus den Booten gehoben werden, sie wurden dann von starken Männern an Land getragen. Heute ist das alles viel weniger romantisch.

Auf dem Platz herrscht genau das Leben, wie man es sich von einer süditalienischen Piazza vorgestellt hat. Es wimmelt von Menschen, Buden, Läden, Bäumen, Fahrzeugen, den Lärm nicht zu vergessen. An der Stelle, an der die Straße die Küste verläßt und sich anschickt, über die Höhe von Castiglione nach Porto zu leiten, gilt es auf vielerlei hinzuweisen: Am Ende der Sackgasse, die geradeaus führt, liegt der *Friedhof* auf einem Fels über dem Meer, rechts an der Straße fallen viele bunte Töpfe und andere zerbrechliche Sachen auf, die einladend vor der *Keramikfabrik* der Gebrüder Menella aufgebaut sind, rechts der Kurve liegt das Armeleuteviertel von *Perrone,* in dem manches Dach mit Blech gedeckt ist.
Noch einmal bergauf: Die letzten Kilometer vor dem Ende könnten fast ein Konzentrat, eine Zusammenfassung dessen sein, was eine Ischia-Rundfahrt zu bieten hat. Noch einmal geht es mit Gehupe durch Kurven, rechts türmen sich steile Hänge mit weißen Villen zwischen üppigem Grün, links bietet sich immer wieder die Aussicht auf den Golf. Diese drei Kilometer sind eine bemerkenswerte *Panoramica.* Der Gipfel rechts oben ist der Monte Rotaro, 266 Meter hoch. Dicht über der Straße auf dem Hügel von Castiglione liegt ein Heiligtum aus alter Zeit: die *Pietra del Voia.* Es wird vermutet, daß der Fels ein Ort der Sonnenanbetung war. Die ersten Inselbewohner sollen hier zu Frühlingsbeginn bei aufgehender Sonne ein weißes Kalb geopfert haben.
Dann taucht Porto auf mit seinem kreisrunden Hafen, dem Häuserwirrwarr und dem Kastell, ein malerischer Hintergrund.

Die nasse Rundfahrt *Porto, Lacco Ameno, Punta Caruso, Forio, Punta Imperatore, S. Angelo, Punta S. Pancrazio, Ponte, Porto*

Wer die trockene Rundfahrt genossen hat, sollte sich nicht scheuen, auch die nasse zu wagen. Die Boote fahren meistens am Nachmittag vom Hafen Porto gegen den Uhrzeigersinn, also zunächst an der Nordküste entlang nach Westen. Auf der Rückfahrt im sonnigen Süden wird in der Regel in Sant' Angelo eine Pause von einer Stunde eingelegt. Alles in allem dauert auch diese Reise drei Stunden.
Es gibt kleine Rundfahrtboote und sehr stattliche Sightseeing-Kreuzer mit Unter- und Oberdeck. Die Fahrt mit einem kleinen Boot vermittelt außer dem *Sightseeing* noch ein paar Genüsse, die dem Bus-Rundfahrer nicht zuteil werden – falls man bereit ist, das Ge-

drängel und Hin und Her vor der Abfahrt, die Turnkunststücke des Bootsführers und seines Bootsjungen, das Vollpacken auch der letzten Ecke des Bootes, das nicht gerade einen ozeanfähigen Eindruck macht, das Herüberhieven von älteren Damen im allerletzten Augenblick, das artistische Ablegemanöver, Vorbeiwinden an anderen Booten, das Tuff-tuff eines nicht sehr neuen Motors und ein Ausspukken von schwarzem Qualm als ein vergnügliches Vorspiel zum großen Genuß zu betrachten.

Ach, schon die Fahrt auf dem Wasser ist ein Vergnügen für sich. Mancher mag dabei gar nicht einmal interessiert sein zu erfahren, wie der und jener Felsen heißt. Die Auskünfte sind auch nicht gerade erschöpfend.

Zunächst geht es erst einmal heraus aus dem Hafen. Die Ausfahrt ist ganze 28 Meter breit, der Leuchtturm – italienisch »Faro« – am Ende der Mole unter dem Hügel von San Alessandro – hier oben liegt die Villa der berühmten Familie Buchner – wird links liegengelassen. Auf den nächsten drei Kilometern, hier muß es wohl besser heißen, zwei Seemeilen, liegen an Backbord der kleine Strand der Engländer, die Thermalströmungen von Castiglione – die man allerdings weder sieht noch fühlt –, der Friedhof von Casamicciola auf dem Felsbuckel und darunter einige Grotten, zu denen die der Sybille gehört.

Dann wird es belebter, die Skylines von Casamicciola und Lacco Ameno tauchen auf, überragt, und das ist wirklich ein großartiger Anblick, vom Epomeo und seinen Nachbarn.

Nach Lacco Ameno geht das Boot ziemlich dicht an die Felsen unter dem Monte Vico und la Guardiola heran. Man kann einen Blick in die Grotten werfen, in denen sich dicke Polypen aufhalten sollen.

Oben auf dem Felsen stehen Villen, denen man den Reichtum ihrer Besitzer von weitem ansieht. Das muß so eine Art Park der Millionäre sein, Ischias Akzent Mondänität und Modernität, den der normal verdienende Sterbliche allerdings nur von See her bestaunen kann.

»San Francesco«, ruft der Bootsjunge, nachdem das Boot um Punta Caruso herumgetuckert und nun auf Südkurs gegangen ist. Die Küste ist breit, flachsandig, aber auf halbem Wege zur Südwestspitze ragt *Forio* heraus und an seiner Spitze die weiße Kirche auf dem Felsen, *Soccorso*. Charakteristisch für diesen Teil der Küsten sind die einzelnen Felsen im Wasser.

Die Brocken haben Namen. Es gibt die Roten Steine, den Weißen Stein, den Schwarzen Stein – *Pietre Rosse, Pietra Bianca, Pietra Nera* – und *La Nave,* das Schiff.

Es gibt auch eine Geschichte dazu, die nicht stimmt, aber schön

klingt. Das Schiff, das Odysseus nach Ithaka heimgebracht hatte, wurde auf dem Rückweg gerade hier vor der Westküste von Ischia von einem Sturm erwischt oder, wie es damals hieß, von Neptun in einen Stein verwandelt. Da hätten wir also *la Nave*. Ein Mann und eine Frau konnten zunächst noch entkommen, sie schwammen an den Strand von Citara und sahen dort die Nymphen tanzen, was nach ihnen nie wieder einem menschlichen Wesen widerfuhr. Auch die beiden wurden in Steine verwandelt. Da hätten wir den Schwarzen und den Weißen Stein.
Merkwürdige Felsformationen tauchen auf, wenn es um die Südwestspitze herumgeht und der Kurs hafenwärts nach Osten gelegt wird. Imposant der hohe Felsen *Punta Imperatore,* Kap des Kaisers, mit dem Leuchtturm, dessen Lichtfinger 35 Seemeilen weit über See tasten. Fels auf Fels zieht vorbei, auch dem Laien wird etwas über die Entstehungsgeschichte der Insel klar, und es bieten sich Fotomotive über Fotomotive mit den Strukturen der Felsverwerfungen im schrägen Sonnenlicht, mit stillen Buchten und steilen glatten Wänden.
Die Pause in Sant'Angelo kann für einen *Espresso* auf der Piazza genutzt werden. Sie reicht auch aus zu einem Spaziergang zwischen den an den Fels geklebten Häusern hin bis zur *Fumarole* mit dem heißen Sand am Anfang des Marontistrandes. Akustisch wird der Abgang des Bootes auf die letzte Etappe untermalt vom unvermeidlichen Harmonikaspieler, der die rechte Touristenstimmung vermittelt und gern dafür seinen Obolus auch selbst einsammelt.
Nach dem Vorbeigleiten des Marontistrandes mit den vielen Sonnenschirmen, mit *Olmitello,* dem Abführsalzvorkommen, und den Schluchten der Cava Acquara und Cava Scura bestimmen wieder die Felsen das Bild. Sie reichen bis hinauf zum Monte Cotto, 242 Meter hoch, la Guardiola, 236 Meter, und Monte Barano, 264 Meter.
Das nächste Kap heißt San Pancrazio, bald danach kommt die Grotte des Zauberers. Mit ihr taucht das Kastell auf und verweist auf das Ende der Runde. Vorher sieht man noch den Strand der Cartaromana und die Felsen von Sant'Anna vor der Küste von Ponte.
Über ihnen liegt der Turm, den Michelangelo ausgebaut haben soll und *Boccaccio* berühmt gemacht hat. Giovanni di Guevara, Herzog

Ende der trockenen und Beginn der nassen Rundfahrt: die Küste zwischen Porto und Castiglione.

von Bovino, war der Bauherr. Um den Turm herum lag der Nymphengarten, den in der sechsten Novelle des fünften Tages Boccaccios Jüngling Giovanni zielbewußt von der gegenüberliegenden Insel Procida anschwimmt, um die Geliebte zu treffen.

Das Kastell zeigt sich gegen Ende dieser Rundfahrt von einer neuen Seite, das Boot fährt dicht unter dem Felsen an der Seeseite vorbei. Es ist empfehlenswert, etwas Film- oder Fotomaterial bis zu diesem Augenblick aufzusparen. Die Strukturen des Felsens und der wuchtige Bau bieten im schrägen Sonnenlicht ungewöhnliche Motive.

Der Strand der Fischer von Ponte mit Booten und Badenden, die Punta Molina, wo der Pinienstrom vom Arso-Krater endet, und der Freistand von Porto geben das Schlußbild; dann geht es links herum in den Hafen, und urplötzlich ist man wieder mitten im gewohnten Gewimmel.

Eine Insel für sich *Procida*

Etwa zehnmal am Tag kann man vom Hafen in Porto, einmal auch von Casamicciola, mit einer Fähre zur Insel Procida übersetzen, die jeder Ischia-Besucher bei der Anfahrt von Neapel schon gesehen hat. Die Überfahrt dauert 25 Minuten. Procida liegt nur fünf Kilometer von Ischia entfernt, der Monte di Procida auf dem Festland liegt noch näher. Dennoch ist Procida eine Insel für sich, und mancher Besucher wird nicht böse sein, daß die meisten Touristen an ihr vorbeifahren.

Urlaub auf der Insel machen gern die Neapolitaner selbst. Es gibt drei Hotels, zwei Campingplätze und 12 Restaurants. So hat Procida den Charakter einer farbigen, unverfälschten süditalienischen Gemeinde behalten. Die fremden Besucher werden freundlich empfangen, aber sie geben nicht den Ton an.

Auch Procida ist eine Insel mit vulkanischer Vergangenheit. Ihre Krater sind erloschen. Die Insel ist ein großer Obst- und Weingarten. Procidas Zitronen sind die größten.

Die Procidaner haben immer schon mit dem Meer gelebt. Viele fahren heute noch als Seeleute in aller Welt. Der Abschied der Familie am Hafen von einem davonfahrenden Verwandten ist ein alltägliches Bild. Traditionen bleiben erhalten. Dabei spielen Seemannsbräuche eine besondere Rolle. Der französische Schriftsteller Lamartine hat sie in seinem Roman »Graziella« geschildert.

Die Küste der Insel ist vierzehn Kilometer lang, Landzunge reiht sich an Landzunge, Bucht an Bucht. Das wird schon bei der Anfahrt von

Strand von Maronti – im Hintergrund Sant' Angelo.

Ischia deutlich. Lange Zeit sieht man nur steile Felsen und stille Buchten. Kaum ein Haus ist zu sehen. Plötzlich scheint der hohe Felsen wie ein Vorhang zurückgezogen zu werden, unvermittelt und ganz nahe taucht der Hafen von Procida auf mit einer Kulisse, die aus einer italienischen Oper stammen könnte. Die ungemein farbig wirkenden Fassaden der Häuser am Hafen entpuppen sich dann zwar bei näherer Betrachtung an Land als ziemlich brüchig und heruntergekommen, das tut aber der Stimmung, in die man gerät, keinen Abbruch.

Eine Rundfahrt um die Insel ist kein Problem. Es gibt eine Buslinie,

genauer gesagt zwei Omnibusse mit den Nummern 1 und 2. Sie fahren denselben Weg zur anderen Seite der Insel, zu dem kleinen Segler- und Fischerhafen Corricella mit dem Badestrand von Chiaia. An diesem Ende der Insel schließt sich die kleine Insel *Vivara* an. Sie steht unter Naturschutz. Die Brücke, die hinüberführt, dient nicht dem öffentlichen Verkehr. Sie trägt die Wasserleitung, die von Neapel – sonst unter Wasser – nach Ischia gelegt wurde.
Man kann für eine Rundfahrt um die Insel auch für einen vorher vereinbarten Preis ein Microtaxi mieten.
Durch das Zentrum des Ortes mit den schattigen Gassen und dem glattgeschliffenen Basaltpflaster hinauf zum höchsten Punkt der Insel sollte man zu Fuß gehen. Zumindest optisch wird die Insel immer noch von dem mächtigen Bau auf dem höchsten Punkt beherrscht: der Burg des *Giovanni da Procida,* des Helden der »Sizilianischen Vesper«. Heute ist sie ein Gefängnis, eins der sichersten Italiens.
Auf halber Höhe kommt man an der Kirche *Santa Maria della Grazie* vorbei. Sie stammt aus dem Jahr 1521. Oben, noch über der Burg, liegt die Kirche *San Michele* aus romanischer Zeit, die älteste der Insel. Geht man von der Kirche nur ein paar Schritte weiter, erlebt man eine Überraschung: von einer Terrasse hat man einen der schönsten Ausblicke über den Golf von Neapel bis hinüber nach Sorrent und Capri.

Vom Hafen zur Brücke, von Porto nach Ponte *Stadtbummel*

Der Gang durch die Stadt Ischia kann mit einer literarischen Verbeugung beginnen. Diese wäre zu machen vor der großen *Platane* am Hafen zwischen dem Touristbüro und der Kirche Santa Maria di Porto Salvo. Sie steht buchstäblich im Wege, da sie aber dem Andenken von *Alphonse Marie Louis Prat de Lamartine* gewidmet, genauer gesagt, gepflanzt ist, nimmt niemand Anstoß am großen Baum, sondern fährt mehr oder weniger vorsichtig um ihn herum.
Lamartine lebte von 1790 bis 1869, er war Franzose, Diplomat, Staatsmann und Dichter, ein Frühromantiker. Dreimal besuchte er Ischia, einmal als Hochzeitsreisender mit Schwiegermutter. Hier auf der Insel, wahrscheinlich auf der Sentinella von Casamicciola, schrieb er seine Novelle Graziella, die von einer romantischen Liebe zwischen dem Erzähler und einem Fischermädchen von der Insel Procida handelt. Die Stelle, an der heute die Schiffe aus Neapel anlegen, war bis zum Jahre 1853 eine ausgesprochen ruhige und idyllische Kante.

Schiffe verbinden Ischia mit dem Rest der Welt.

Bis zu diesem Jahre war das kreisrunde Wasser, das heute den Hafen bildet, ein Binnensee mit der stattlichen Wassertiefe von zwei Metern. In der Mitte lag ein kleiner Lavabuckel, und darauf stand eine Jagdhütte. Am Martinstag wurde von hier aus und von Booten mit der Armbrust auf Wasserhühner geschossen. Dies war vornehmlich dem König von Neapel und seinen Gästen vorbehalten. Der König hatte auf dem Hügel am See einen *Palazzo Reale,* der ebenfalls seine eigene Geschichte hat.
Etwa 500 Jahre vor Christi Geburt brach an der Stelle des heutigen Hafens ein Vulkan aus, er sank in die Tiefe zurück und hinterließ einen Krater. Seine Ränder sind die beiden Hügel rechts und links

der jetzigen Hafeneinfahrt, *San Pietro* und *San Alessandro*. Laut Plinius soll damals eine griechische Ortschaft an dieser Stelle zerstört worden sein.

König Ferdinand II. von Neapel, ein Bourbone, ließ in den Jahren 1853 und 1854 den Kraterrand zur See hin durchbrechen, und am 31. Juli 1854 fuhr der königliche Dampfer *Delfino* aus Neapel zum ersten Male in den Hafen ein. Die feierliche Einweihungsprozession mit den Booten und Barken der Fischer und Seeleute, der *Marinai*, die in Ischias Gesellschaftsordnung obenan stehen, folgte am 17. September. An diesem Tage wurde, ebenfalls im Auftrage des Königs, der Grundstein zur Kirche *Santa Maria di Porto Salvo* gelegt. Sie hat drei Schiffe, ist 58 Meter lang, ihr Grundriß hat die Form eines lateinischen Kreuzes.

Zwischen Kirche und Hafen steht Christus, den die seefahrenden Ischitaner auch *Re del mare* nennen.

Das königliche Haus der Bourbonen auf halber Höhe am Hang ist ein Militärsanatorium. Dort, wo königliche Personen badeten, werden heute die Körper geplagter Soldaten gepflegt. Deshalb können das königliche Haus und sein Garten nicht besichtigt werden. Der Palazzo war, als er zu Beginn des 18. Jahrhunderts gebaut wurde, nicht als königlicher Sommersitz gedacht, sondern sollte genau dem dienen, was er heute tut: als Sanatorium. Bauherr war der Arzt Francesco Buonocore, zunächst Leibarzt am spanischen Hof und später Protomedico des Königs von Neapel. Francesco Buonocore nahm in seinem Haus zahlende Gäste auf. 1738 wurde hier der sächsische Prinz Friedrich Christian, ein Sohn Augusts III., gepflegt. Als er ankam, ging der Prinz an zwei Stöcken, bei der Heimreise brauchte er nur noch einen. Francesco Buonocore war ein guter Arzt und Geschäftsmann, und doch war das Unternehmen auf die Dauer nicht zu halten. Der König von Neapel, es war Ferdinand IV., fand Gefallen an dem schönen Haus. Der Nachfolger Francescos, sein Neffe Crescenzo, verkaufte das Anwesen dem König. Ob das ganz und gar freiwillig geschah, ist nicht überliefert.

Die Familie Buonocore erlitt später noch schwere Schicksalsschläge. Der Sohn Crescenzos, der wieder Francesco hieß, war zwar ein Patenkind des Königs in Neapel. Das hinderte ihn aber nicht, mit den Franzosen gemeinsame Sache zu machen, als diese 1799 Freiheit, Gleichheit und Brüderlichkeit auch nach Ischia bringen wollten. Francesco, der von militärischen Angelegenheiten keinen Schimmer hatte, wurde Kommandant des Kastells, und als die Engländer im Golf von Neapel intervenierten, wie man das so nennt, war die

Kommandantenlaufbahn schnell zu Ende. Am 1. Juni 1799 starb Francesco Buonocore auf der Insel Procida am Galgen.
An die Familie und ihre Bedeutung erinnert heute unmittelbar nur noch ein Wappen an einem der beiden Pfeiler des bewachten Eingangstores zum Palazzo Reale oder *Stabilimento Balneo Termale Militare.* Der andere Pfeiler trägt das Wappen Ischias.
Die Straße, die am runden Hafenkai entlangführt, hat zwei Gesichter. Im westlichen Teil legen die Frachtboote an, gibt es Reparaturwerkstätten, Geschäftshäuser, deren stattlichstes das rosarote Haus der drei Brüder D'Ambra ist. Sie sind die größten Weinhändler der Insel. Ein bißchen nach Öl riecht es auch, und das macht sich gar nicht schlecht.
Ganz anders die andere Seite, die *Via Porto,* die eigentlich nur *rive droite* genannt wird, die rechte Seite. Für die andere Seite des Hafens hat sich folgerichtig *rive gauche* eingebürgert.
An den Sommerabenden, an denen auf den Jachten ein Faß aufgemacht wird, kann man ohne Eintrittsgeld vor den Bootsstegen Mode des letzten Schreis schauen, wenn die geladenen Damen zu den Schiffen gehen. Manchmal gibt es auch Modenschauen mit Eintrittsgeld, dann wird die ganze Via Porto abgesperrt.
Neben den großen liegen die kleinen Boote, auf denen braungebrannte, muskulöse, sportliche Gestalten herumturnen, die Führer der Motorboote, die man zum Wasserskilaufen mieten kann.
Auf den Festmachern sitzen ältere Ischitaner, die nicht mehr so recht gut auf den Beinen sind, und nehmen kaum Notiz von den Fremden. Für diese sind die Lokale mit den klingenden Namen da, eins neben dem andern, das eine mehr volkstümlich, das andere ganz modern. Vor den Eingängen stehen Tische mit all den Fischen, die man drinnen gekocht, gebraten, gegrillt, gesotten zu sich nehmen kann.
Kaum fünfzig Meter von der Via Porto entfernt geht es links herein in die *Via Roma,* die geschäftigste Straße Ischias für den Gebrauch und Geschmack auch der Leute, die nicht so viel Geld haben wie jene, die weiter oben auf dem *Corso Vittoria Colonna* kaufen. Beide Straßen zusammen und die Piazzetta an ihrem Ende auf der Höhe sind der große Treffpunkt, der Bummel, die Wandelhalle. Ist man einige Male dagewesen, erkennt man schon die Gesichter von gestern und vorgestern wieder.

Bild nächste Seite: Umschlagplatz für Touristen und Wein: der Hafen von Porto.

Vor den Geschäften stehen und liegen die Angebote, alle Türen, soweit überhaupt vorhanden, sind weit geöffnet, alles Leben spielt sich auf der Straße ab, auch Großmutter hockt auf einem alten Stuhl vor der Tür, darunter liegt der schläfrige Hund. Gelegenheit zum Erfrischen gibt es alle paar Meter, entweder bei einem Melonenverkäufer oder vor einem der Straßencafés.
Am Corso liegt die architektonisch interessante Kirche von *San Pietro*.
In Richtung Ponte wird aus dem Corso Vittoria Colonna die *Via Pontana.* Für den Weg nach Ponte empfiehlt sich aber ein kleiner Umweg durch den *parco comunale,* an den Tennisplätzen und Bocciabahnen entlang, vorbei an den vornehmen Hotels und über den Strand der Fischer mit den vielen bunten Booten.
Ponte trägt seinen Namen erst seit 1774, als die Brücke zum Kastell gebaut wurde. Vorher hieß es *Celza* oder *Borgo del Celso.* Dann wurde eine große Brücke gebaut, und der Ort bekam einen neuen Namen.
Ponte ist malerischer, origineller, billiger als Porto, ein kleines Neapel, jedoch wesentlich sauberer. Die Architektur ist typisch süditalienisch mit maurischem Einschlag. Das große Gebäude gleich rechts am Eingang ist das bischöfliche Seminar, 1737 als Sitz für den Bischof von Ischia gebaut.
Das Pflaster der Straße, die quer durch den Ort führt, ist gewiß ähnlich alt. An der Straße steht die größte Kirche, die Bischofskirche *Santa Maria della Scala.*
Ihre jetzige Form stammt aus dem Jahre 1613. Nahebei gibt es zwei weitere Kirchen: die Kirche der Seefahrer Ischias, *Chiesa dello Spirito Santo,* und die *Kirche der Madonna von Konstantinopel.*
Das Gebäude mit der Uhr ist ein politischer Bau: Hier tagten die ersten Stadträte.
Ponte hat nicht nur Geschäfte und Werkstätten kleiner Handwerker und Händler, auch Künstler wohnen hier und stellen Bilder und Plastiken aus. Sie werden in Läden mit offener oder ohne Tür feilgehalten.
Biegt man an der alten Apotheke rechts ab und steigt den Berg hinauf, so erlebt man unmittelbar süditalienische Wohnviertel mit hohen Fassaden, kleinen Balkons, mit dunkel gekleideten Frauen im Fenster und Wäsche über der Straße par excellence. Weiter oben wird es luftiger, und nach einer Viertelstunde ist man im reizvoll gelegenen, schon ländlichen Vorort *San Michele* mit der weiten Aussicht über den Golf.

Wer an der Apotheke unten im Tal bleibt und weiter durch den Ort geht, steht bald unvermittelt vor dem hohen Kastell. Hier gibt es drei Möglichkeiten für das Weiterkommen. Entweder kehrt man um, oder man mietet sich ein Fischerboot, oder man steigt auf das Kastell. Irgendwann einmal sollte man sich während eines Ischia-Aufenthaltes für Möglichkeit drei entscheiden.

Auf hundert Metern Basalt und Trachyt *Kastell*

Der Felsen ist 115 Meter hoch. Er ist ein Lavakegel, sein Material ist Basalt und Trachyt.
Schon vor neunhundert Jahren war der Wohnwert erkannt, der vor allem in der Sicherheit vor den Angriffen bösartiger Mitmenschen lag. Im Jahre 1036 wohnte hier jedenfalls der Graf von Ischia, Marino Melluso. Er ließ die erste Burg bauen. Nach ihm kamen eine ganze Menge anderer Besitzer, je nachdem, wer gerade den Golf beherrschte. Dazu gehörten auch die schwäbischen Staufer. Als Konradin, der letzte Hohenstaufe, hingerichtet war, gab es um das Kastell Streit. Die Festung mußte mal gegen die Anjou, mal gegen die Aragonesen verteidigt werden.
Ein entscheidendes Datum ist für das Kastell das Jahr 1438. Mit dreihundert Katalanen eroberte damals Alfons V. von Aragonien die Insel.
Aus Liebe zu Lucrezia d'Alagni schenkte Alfons die ganze Beute 1442 eben jener Dame, und diese spornte ihn prompt zu weiteren Taten an. Alfons – als König von Neapel heißt er Alfons I. – ließ die äußere Straße, die zur Festung hinaufführte, abreißen und baute die Straße im Inneren des Felsens, den 457 Meter langen Tunnel, der heute noch einziger Zugang ist. Auch den 288 Meter langen Steindamm vom Festland zur Festung ließ er anlegen.
Die Festung wurde groß, auch was die Zahl ihrer Bewohner anbelangt. Fast zweitausend Familien lebten hier, also mindestens zehntausend Menschen. Zum Schloß gehörten nicht nur die Garnison, die Werkstätten und Waffenlager, sondern auch zehn Kirchen und zwei Klöster. Die Festung wurde noch mehr, sie gehört – mit Stern – in die Kulturgeschichte Italiens. Das verdankt sie einer Frau.
Im Jahre 1509 wurden in der Kathedrale auf halber Höhe des Felsens die römische Adlige *Vittoria Colonna,* zu deren Familie Papst Martin V. gehörte, und Ferrante d'Avalos, der auch den Titel eines Marchese von Pescara führen durfte, getraut. Das war eine Hochzeit, zu der

sich gewiß in der Festungskathedrale die ganze große politische Welt einfand. Sie war neunzehn, er war zwanzig Jahre alt. Zwei Jahre später mußte Ferrante in den Krieg gegen die Franzosen; er geriet in Gefangenschaft, wurde gegen Zahlung von 6000 Dukaten wieder freigelassen – der französische Marschall, der ihn gefangenhielt, war mit seiner Tante verheiratet –, zog wieder in den Krieg und wurde 1525 Sieger in der Schlacht von Pavia gegen Franz I. Damit war europäische Geschichte geschrieben. Franz I. wurde gefangengenommen, das Reich Karls V. blieb erhalten. Kaiser Karl schrieb aus Madrid einen Brief an Vittoria Colonna auf dem Kastell, der mit der Anrede begann: »Erlauchte und verehrte Anverwandte . . .«

Ferrante war bei Pavia verwundet worden und starb. In San Domenico Maggiore in Neapel wurde er beigesetzt zwischen den Königen von Neapel. Die Inschrift auf seinem Grabe stammte von Ariost, dem Dichter des »Rasenden Roland«, aus Ferrara.

In diesen Jahren entstanden auf dem Kastell die Sonette von Vittoria Colonna. Noch zehn Jahre über den Tod Ferrantes hinaus blieb sie hier wohnen. Ihr Hof wurde zu einem Mittelpunkt des Kultur- und Geisteslebens der damaligen Zeit, und eine tiefe Freundschaft verband sie mit Michelangelo. Zwei Jahre nach der Rückkehr von Ischia nach Rom wurden ihre Gedichte zum ersten Male gedruckt.

Auf dem Schloß zogen andere Herrscher ein, Franzosen kamen, Bourbonen, auch die Engländer meldeten sich. 1799 und 1809 wurde es von ihnen beschossen, beim letzten Bombardement wurde die Kathedrale zerstört. Und 1942 wurde es für zwei Jahre eine Festung der deutschen Wehrmacht.

Schon gegen Ende des neunzehnten Jahrhunderts zogen die Bewohner davon, 1823 wurde die Festung zum bourbonischen Zuchthaus. Professor Paul Buchner berichtet in seinem *Gast auf Ischia* von einem Besuch des sächsischen Prinzen Friedrich auf dem Kastell. Dabei habe ein Gefangener aus Dresden den Prinzen auf einem Blatt Papier auf seine Notlage aufmerksam gemacht. Der Prinz konnte jedoch nicht helfen, der Sachse saß weiter.

Es heißt, daß damals auch Väter ihre Söhne auf dem Kastell einsperren ließen, wenn diese sich nicht so benahmen, wie es der Ruf der Familie erforderte oder der Papa wollte.

Früher ein Wächter, heute ein Fotomotiv: das Kastell.

In den fünfziger Jahren des vergangenen Jahrhunderts waren italienische Patrioten, die für die Vereinigung ihres Vaterlandes kämpften, Gefangene auf dem Kastell. Viele von ihnen arbeiteten am Bau des Hafens von Porto mit. Mit der Befreiung Italiens 1860 kamen die Gefangenen frei, doch auch das neue Königreich erkannte den Wert der dicken Mauern im alten Sinne.
1874 übernahm die Königliche Gefängnisverwaltung die ganze Anlage, bis 1895 waren die Bewohner wieder unfreiwillige Insassen. Diesmal wurde das Ganze »Strafkolonie« genannt.
Der Rechtsanwalt Mattera kaufte schließlich im Jahre 1913 Berg und Festung für 43 000 Lire, die in fünf Raten zu zahlen waren.
1,2 Kilometer lang ist der Weg vom Tunneleingang am Fuß des Felsens bis zum großen Festungshof auf der Spitze. Man kann ihn sich erleichtern, wenn man für das erste Stück durch den Fels den Fahrstuhl benutzt. In jedem Fall erlebt man eine merkwürdige Mischung von Verfall und Schönheit. Kein Laut außer den eigenen Schritten ist auf den steilen Wegen zu hören, und dort, wo früher einmal zehntausend Menschen gelebt haben, flitzen nur noch lautlos Eidechsen über die Steine. Selbst die Touristen, auf den beiden Aussichtsterrassen verhalten sich still.
Hinter den ersten Forts am unteren Drittel des Felsens liegen große Öfen, in denen Kanonenkugeln gebacken wurden. Erster Höhepunkt sind die Reste der *Cattedrale antica* aus dem 14. Jahrhundert, ihre Gewölbe sind eingestürzt, die Pfeiler ragen in den blauen Himmel hinein, Staub liegt vor dem Altar, an dem 1509 das schönste Liebespaar Italiens kniete: Vittoria Colonna und Ferrante d'Avalos. In der Krypta unter der Kathedrale sind Fresken aus der Bauzeit erhalten.
Etwas höher liegt die Kirche des Klosters der Klarissinnen *Dell' Immacolata*. Sie wurde renoviert, so daß hier Ausstellungen gezeigt werden können. Die Klarissinnen verließen das Kastell im Jahre 1810, in der Krypta sieht man noch ihre merkwürdigen Grabstätten. Eine Klarissin durfte niemals liegen, weder im Leben noch im Tode. Deshalb wurden sie sitzend beigesetzt, die Gräber in der Krypta ihrer Kirche sind in den Fels geschlagene Sessel.
Noch ein Stück höher liegen die Reste einer sechseckigen kleinen Kirche auf dem Felsvorsprung, sie war St. Peter geweiht; ihr Name: *San Pietro a Pantaniello*.
Die steile Wanderung ist zu Ende an der hohen Aussichtsterrasse, auf der deutscher Bohnenkaffee angeboten wird – oder vielleicht auch ein Wein, der auf dem Felsen gewachsen ist. Die Reben des Castello gehören zu den besten der Insel, sie sind entsprechend rar.

Höher hinauf geht es normalerweise nicht, die Burganlagen sind privat, auf Anfrage wird allerdings eine Besichtigung gestattet. Was wird aus dem Kastell werden? Gelingt es, dieses Nationaldenkmal, das es zweifellos für Italien darstellt, zu erhalten, den weiteren Verfall aufzuhalten?
Abgesehen von der Kaffeeterrasse ist es auch an anderer Stelle schon wieder richtig bewohnt. Auf der Ischia zugewandten Seite des Felsens ist eine Fremdenpension ausgebaut worden, und im Nachtklub am Fuß der Festung *El Castillo d'Aragon* herrscht volles Menschenleben, jedenfalls stundenweise.

Nach Sonnenuntergang

Restaurants, Cafés, Bars, Diskotheken

Der Drang, sich in das Vergnügen zu stürzen, das ein normal veranlagter Ferienreisender unter reinem Vergnügen versteht – also der Gang zu Tisch-, Tafel- und Tanzfreuden –, setzt auf Ischia normalerweise nach 21.30 Uhr ein. Natürlich gibt es auch tagsüber die Möglichkeit, solchen Freuden zu frönen. Straßencafés, schattige Veranden, kühle Stuben für einen *Espresso* oder *Vino Fresco,* eine Wein-Wasser-Mischung für wenige Lire, den *Campari,* das gut gekühlte Bier gibt es an allen Ecken und Enden der Insel. Abends kommen die Stätten erlesener kulinarischer Genüsse hinzu.

Einige Adressen:

Vom Feinsten
»Gennaro« am Hafen in Porto;
»Damiano« an der Umgehungsstraße Via Variante Esterna oberhalb von Porto;
»La Briciola« in Lacco Ameno;
»La Romantica« und »La Bussola« am Hafen in Forio;
»Leopoldo« und »Il Cacciatore« in Panza.

. . . und tausend andere. Dazu gehören:
»Trattoria Greca« und »Ristorante da Raffaele«, zwei typische kleine Gaststätten nebeneinander in der Via Roma in Porto.
»Bar delle Rose« an der belebten Hauptstraße Via Alfredo de Luca.
»La Vigna«, der »Weinberg«, am Fußweg in der Schlucht von Olmitello; keine große Karte, aber herrlicher kühler Wein, den man hier

in der unmittelbaren Nachbarschaft des Marontistrandes auch im Badeanzug – und in uriger Stimmung genießen kann.
»Il Torchio«, »Die Weinkelter«, am Panoramaweg, der von der Kirche in Campagnano (Endstation der Buslinie 8) am Hang über dem Meer entlangführt; ein erstklassiges Restaurant. An dieser Steilküste wachsen wilde Orchideen.
»Lo Chef« in Cuotto über dem Strand von Citara; wird für gute Küche gerühmt.
Im »Belvedere« in Cuotto halten nach wie vor die Rundfahrtbusse zur fröhlichen Weinpause, spielt nach wie vor ein alter Mann Schunkelweisen auf dem Schifferklavier und wird der Ruf, die größten Kuchen zu haben, mit Erfolg verteidigt.

Typisch für ischitanische Küche
»Da Peppina« in Forio;
»Cocò Gelo« in Ponte;
»Ciccio e Domingo« in Ponte.

Cafés
»Calise«, Piazza degli Eroi am Pinienwald Porto und an der Piazza Marina in Casamícciola; bester Kaffee, längste Getränketheke (200 Flaschen in einer Reihe), größte Kuchenauswahl und deutsches Bier, notfalls auch im Stehen zu trinken.

Nächtliche Treffpunkte

Man trifft sich, bummelt, plaudert, lacht bis spät in die Nacht auf den Straßen und Plätzen, insbesondere

- auf der Via Roma in Porto;
- auf dem Corso Umberto in Forio;
- an den Häfen in Porto, Forio, Sant' Angelo;
- auf der Piazetta in Forio, der Piazetta am Corso Vittorio Colonna in Porto, der Piazzetta in Casamícciola, der Piazzetta in Lacco Ameno.

Diskotheken
»La Scogli« und »Il Corallo Nero« in Sant' Angelo;
»El Capricho de Calise« an der Piazza in Casamicciola;
»Jonathan« beim Hotel »Le Querce« über der Bucht von Castiglione zwischen Porto und Casamicciola gilt als »Inothek«. Hier trifft sich im Juli und August die Schickeria – Kinder reicher italienischer Eltern.

Pianobars
»Gatto Bianco« (Weiße Katze) an der Piazzetta in Porto;
»Taverna Angelo« am Hafen in Porto;

»Pepito«, Via Roma in Lacco Ameno;
»Coricò« in Forio.

Folklore
»Club Ciaomare«, Corso Vittoria Colonna in Porto.

Für junge Leute
»Jane« am Hafen in Porto;
»Charlie« an der Piazzetta dei Pini in Porto;
»Pink Panther« in der Hauptstraße in Forio;
»El Castillo de Aragon« am Fuß des Kastells in Ponte;
»Valentino« an der Piazzetta in Porto.
Ein preiswertes und oft lohnendes nächtliches Vergnügen kann ganz schlicht darin bestehen, daß man sich in einer der vielen Bars unter offenem Himmel niederläßt, bei mäßigen Preisen freundlich bedienen läßt und in Ruhe und Beschaulichkeit den Trubel ringsum genießt, ohne an das Ende des Urlaubs zu denken.

Wer den Ausgleich sucht *Sport*

Wer den sportlichen Ausgleich sucht, findet diesen natürlich auch auf Ischia. Es werden an- und dargeboten:
Wasserskilauf. Boot und Ski lassen sich mieten in Porto, Sant' Angelo und Lacco Ameno, hier sogar mit Lehrer. *Boote* werden verliehen an allen größeren Stränden, in der Regel braucht man sich allerdings bei diesen Touren nicht selbst körperlich zu betätigen. Eine Surfschule gibt es am Strand von Maronti.
Tennisplätze kann man, außer in einer ganzen Reihe von Hotels, in allen Orten mieten. Wer keinen Partner hat, kann einen Balljungen als Gegenspieler anheuern. Ist man kein sehr geübter Spieler, dürfte es empfehlenswert sein, den Balljungen um Rücksicht zu bitten. Diese sind ständig im Training und gern bereit, ihre Künste zu zeigen. Manchmal finden auch Turniere der Balljungen statt.
Für eine Sportart, die in den letzten Jahren schnell immer mehr begeisterte Anhänger auch in Deutschland gefunden hat, ist Ischia besonders geeignet, weil das Wasser klar und warm genug dafür ist: *das Sporttauchen.* Das heißt, man braucht noch nicht einmal unbedingt zu tauchen, um den Sport zu erleben. Manche legen sich einfach mit Schnorchel und Brille aufs Wasser, es trägt mit seinem Salzgehalt, der wesentlich über dem der heimischen Nord- oder Ostsee liegt, den Körper ohne besondere zusätzliche Anstrengungen. Die richtigen

Sportler tauchen natürlich, und manche lassen sich sogar auf so etwas ein, das Unterwasserjagd heißt. Gejagt wird gern vor dem Monte Vico bei Lacco Ameno, hier sollen die Polypen am dicksten sein, nach Korallen wird vor der Bucht von Maronti und auch vor dem Cap Caruso, draußen vor der Nordwestspitze der Insel, getaucht. Weitere Unterwasserjagdgebiete sind die Bucht von Cartaromana, die Bucht westlich vom Kap San Pancrazio, die sich am einfachsten von Ponte aus mit dem Boot erreichen läßt, und die Gewässer vor Panza unterhalb der Scanella.

Westlich Sant' Angelo vor Punto Grado soll es sich lohnen, den Tintenfischen nachzustellen, auch Polypen gibt es hier.

Am Strand von Maronti gibt es eine Tauchschule. Wer trockene Füße behalten will, dem kann geraten werden, *Minigolf* zu spielen. Minigolfbahnen gibt es in Lacco Ameno und Porto. Sportfreunde, die sich mit Zuschauen begnügen wollen, haben Gelegenheit, italienische Fußballkunst und -begeisterung zu erleben in den Sportstadien von Porto und Forio. Man frage nach dem *Campo Sportivo.* Das heißt, eigentlich wird das gar nicht nötig sein, denn man hört am Geschrei weithin, wann und wo ein Fußballspiel stattfindet.

Eine italienische Jagdleidenschaft, die auch auf Ischia trotz gesetzlicher Verbote munter weiter gepflegt wird, ist für die Touristen an vielen Tagen hörbar, was das Unbehagen über diese Sitte bei vielen Ausländern vergrößert: die Jagd auf Singvögel. In den großen Kastanienwäldern und den Weinbergen gehört das Knallen der Schrotflinten in den Morgenstunden zum Alltag. Die Jäger verstehen die Aufregung der anderen nicht recht, denn die Wachteln, Tauben und Rebhühner, die ebenfalls von ihnen auf dieselbe Weise geschossen werden, sind den Fremden offensichtlich gar nicht unpassend. Die Jagdbestimmungen sind in den letzten Jahren sehr viel strenger gefaßt worden. Ihre Einhaltung wird von besonderen Kommandos aus Neapel überwacht.

Auf das Anlaufen von Segeljachten schließlich ist man in Porto, Lacco Ameno, Forio und auch Maronti vorbereitet.

Schlechtwetterlage und die Nutzanwendung daraus

Kino, Museum, Bibliothek

Schlechtes Wetter kommt auch auf Ischia vor. In Porto fallen immerhin pro Jahr zwischen sechzig Zentimeter und einem Meter Regen. Und wenn es auf Ischia regnet, dann richtig. Meistens hält das dann

einen, oft auch zwei Tage an. Es erhebt sich also die Frage, was tun? Leichtester Ausweg: das Kino. Man sollte dabei die führenden Häuser vor den kleineren Kinos bevorzugen, so lebhaft es in diesen auch zugehen mag. Ein Besuch in einem dieser Kinos vermittelt nicht nur ein mehr oder weniger bedeutendes Filmerlebnis, sondern verschafft auch Einblick in die italienische Seele.
Ein interessantes Museum liegt unter der *Kirche der heiligen Restituta* in Lacco Ameno. Hier in der frühchristlichen Krypta wurden Gräber aus der griechischen, römischen und urchristlichen Zeit gefunden, man sieht Werkzeuge, Tonvasen, eine griechische Zisterne und viele andere archäologische Funde, die den Ausgrabungen Giorgio Buchners zu verdanken sind.
Eine Kostbarkeit ist noch in Porto zu besichtigen, aber man muß sich etwas bemühen, um herauszubekommen, wann das möglich ist. Die angegebenen Öffnungszeiten der *Biblioteca Antoniana* stimmen leider nicht immer. Man wird also unter Umständen im dazugehörigen Konvent gleichen Namens fragen müssen. Die Bibliothek liegt neben der Kirche von Sant' Antonio zwischen Porto und Ponte. Sie hat zwanzigtausend Bände – und zwei Bilder der Vittoria Colonna.

Feiern einfach dem Kalender nach *Feste*

Ischia ist reich an Festen, die einfach nach dem Kalender zu feiern sind. Das ergibt sich schon durch die vielen Patronatsfeste. Solch ein Tag, der dem Patron des Ortes, der Kirche, gewidmet ist, wird als richtiges Volksfest gefeiert. Girlanden und bunte Lämpchen werden über die Straßen gezogen, der Pfarrer hält vielleicht sogar die Leiter beim Auf- und Abbau, ein Podium wird aufgestellt, Buden bieten bunte Schätze an, und getragene Weisen aus Blechinstrumenten leiten den Tag ein. Höhepunkt ist natürlich die Prozession.
Einige Festtage ragen im Jahresablauf für die Ischitaner besonders heraus, und auch die Gäste sollten sich diese Termine merken. Im Januar werden in Sant' Antuono oberhalb von Ischia die Tiere gesegnet. *Sant' Antuono Abate* ist der Schutzheilige der Haustiere.
Auch hier herrscht buntes Jahrmarktstreiben, aber zwischen den Buden und Ballons tauchen auch allerhand Tiere auf. Pferde, Kühe, Schweine, Ziegen werden herangetrieben, manche von ihnen sind samt ihrer Treiber oder Reiter festlich geschmückt. Dreimal werden sie während der Messe in die Kirche geführt. Die Kirche ist über vierhundert Jahre alt.

Ostern wird in Casamicciola *La Fiesta* gefeiert, ein religiöses Spiel, das die Bevölkerung selbst gestaltet.
Am 8. Mai ist der *Wallfahrtstag* für *Santa Maria del Monte*, der weißen Bergkirche am Rande der Falanga oberhalb von Forio. Keine liegt eindrucksvoller auf der ganzen Insel am Rande der Einsamkeit der Felsen und mit dem weiten Blick über fruchtbares Land und das Meer. Der 17. Mai ist der große *Festtag für die heilige Restituta* in Lacco Ameno. Aber auch am 16. und 18. wird gefeiert. Hier in der Bucht von San Montana und zu dieser Jahreszeit wurde die Märtyrerin aus Afrika auf dem Floß, an das sie gebunden war, an Land geführt. Daraufhin blühten dort die Lilien der Restituta. So geschieht es in jedem Jahr. Am 17. Mai zieht deshalb eine große Prozession auf dem Meer entlang bis nach Casamicciola.

Beim *Patronatsfest* am 24. Juni in Buonopane, wo es, wie der Name verheißt, gutes Brot gibt, kann man, wenn man Glück hat, den alten leidenschaftlichen Tanz der N'drezzata sehen, bei dem sich achtzehn Tänzer in zwei Lagern mit Holzknüppeln bewaffnet gegenüberstehen. Glück haben heißt, daß es genügend Tänzer gibt, die den Tanz überhaupt noch beherrschen. Schon ist es vorgekommen, daß der Tanz deshalb ausfallen mußte, und das nicht nur in Buonopane, sondern auch in Piedimonte, wo er am 15. August, in San Rocco, wo er am 16. August, und in Montevergine, wo er am 18. September getanzt werden soll – wenn alles beisammen ist. Der Tanz ist wirklich sehr alt, er hat eine griechische Choreographie.

Am 26. Juli leuchten Fels und Meer in Ponte. Das ist der *Festtag der heiligen Anna.* Dann wird das Kastell festlich angestrahlt, auf dem Meer bei den Sant'Anna-Felsen leuchten viele Flämmchen, Piratenfeuer werden abgebrannt, tausend Schwimmer sind beteiligt, ein Bootskorso mit Musik und Gesang gehört dazu, und oben von der Sant'Anna-Kirche in Fiaiano leuchtet es ebenfalls herüber, denn auch dort wird das Patronatsfest der Heiligen gefeiert.
Ferragosto nennen die Italiener den Ferienmonat August. Auch auf Ischia sind dann Straßen, Strände und Hotels voller Familien, deren Freude, Ferien machen zu können, auf italienische Weise hörbar gemacht wird. Das gilt insbesondere für den 15. August. Dann wird Ferragosto überall als fröhliches Volksfest gefeiert. Die Hotels lassen sich dann für ihre Gäste etwas Besonderes einfallen, etwa ein großes Buffet am Schwimmbad, Musik und viel Illumination.
Am letzten Sonntag im August folgt ein weiterer großer Tag für Ponte, das große Fest an Land und auf See für den Inselheiligen San

Giovan Giuseppe della Croce, Sankt Johann Joseph vom Kreuz, auch *Frater Millipezzi,* Bruder Tausendflick, genannt.
Für ihn wird an diesem Tage eine große Bootsprozession entlang der Küste bis zum Hafen von Porto gefahren.
Der Heilige wurde in Ponte geboren, er war ein armer Mönch, dessen Eltern auf dem Kastell wohnten. Schon als Knabe war er gut zu den Armen, er half den Kranken und wollte nichts für sich. Sein Kleid bestand aus Flicken, deshalb der Name Bruder Tausendflick. San Giovan Giuseppe wird verehrt und geliebt, er hat den Ischitanern schwere Zeiten vorausgesagt, wie das Erdbeben von Casamicciola. Aber wenn sie in Not sind, hilft er ihnen. In der Hauskapelle in seinem Geburtshaus wird ein Stock aufbewahrt, der ihm zuflog, als er es einmal ablehnte, in einen Wagen zu steigen, obwohl er ohne Stock nicht gehen konnte. Noch einmal ist bunter Jahrmarkt im September: am *Michaelis-Tag in Sant'Angelo.*

Eine richtige Bergtour *Epomeo*

Es gibt eine ganze Reihe von Gründen, die den Besucher Ischias dazu bewegen sollten, die Tour auf den Berg nicht zu vergessen.
Man kann viele Bergtouren unternehmen, aber nur eine auf den Berg. Gemeint ist damit der Gipfel des *Epomeo.* Gleichgültig, ob er nun 789, 791 oder 792 Meter hoch ist, der Anlaß zur Freude an diesem Erlebnis kommt aus ganz anderen Quellen.
Da wäre zunächst die Möglichkeit, sich – der Familie – als rechter Sportsmann zu zeigen. Etwa dann, wenn man den schwierigsten Weg nach oben wählt. Das wäre der von Forio über Maria del Monte durch die Falanga in der *Direttissima.*
Sportliche Qualitäten sind auch mit weniger zeitlichem und eigenem körperlichen Aufwand vorführbar. Etwa wenn man von Fontana den Maulesel nimmt.
Und wie schmeckt der Wein auf dem Gipfel nach erlebtem und durchstandenem Aufstieg!
Doch abgesehen von Sport und Alkohol: An einer Freude wird niemand vorbeikommen. Die Aussicht vom Epomeo ist einzigartig, die Insel ringsum ist überschaubar, alles liegt in der Nähe, ist fast greifbar, und jenseits der Insel sieht man weit hinaus bis Ponza, das 74 Kilometer entfernt liegt.
Der populärste Aufstieg zum Epomeo geht von Fontana aus. Nahe der Omnibusstelle gibt es sogar einen Wegweiser, was für Ischias

wunderschöne Wanderwege nicht gerade alltäglich ist. Der Aufstieg ist bei strammem Marsch in einer knappen Stunde zu schaffen, mit dem Maulesel oder Esel kann man in zwanzig Minuten oben sein.
Der Ritt auf dem Rücken eines Maul- oder Ganzesels ist seinen Preis wert, nicht nur, weil man dabei Füße und Atem schont. Man sollte den Preis auch nicht herabhandeln, sondern lieber die geforderten Lire zahlen. Nimmt man einen billigeren Esel, kann es passieren, daß dessen Bockigkeit den Bergritt anders verlaufen läßt, als normalerweise gewünscht wird. Entweder bleibt er an einer Ecke plötzlich stehen, oder er streift seinen Reiter lässig ab. Viecher, die das können, gibt es leider.
Sonst aber kann man sich getrost auf die kleine Mauer an der Hauptstraße stellen und von hier aus den Sattel oder das breite Ungetüm, das diesen darstellen soll, besteigen. Wie breit die Sattelanlage ist, wird man nach dem Ritt noch spüren, die Beine müssen jedenfalls zwanzig Minuten lang gespreizt werden. Auch ist empfehlenswert, sich mit Hilfe des Strickes, den man in die Hand gedrückt bekommt, oder des Knubbels, den man vor seinem Bauch vorfindet, so weit vorn wie möglich auf dem Tier zu halten. Erstens ist der Weg an vielen Stellen wirklich steil, und zweitens sind Mulirücken ziemlich abschüssig.
Dennoch kann man den Ritt genießen, dabei staunen, wie intelligent, elegant und geschwind die Tiere die unmöglichen Buckel erklimmen, auf kleinstem Raum ihre Hufe setzen. Man kann sich über den Mulifführer freuen, der mit seinem antreibenden langen »Aaah, aaah« bei dem Tier tatsächlich die erwünschte Wirkung erzielt, so daß er sich womöglich stellen- und zeitweise sogar noch selbst an den Schwanz hängen und mitziehen lassen kann. Für Unterhaltung kann man übrigens auch selbst dadurch sorgen, daß man versucht, während des Rittes von den Büschen und Bäumen Blüten, Blätter oder Früchte zu pflücken, zu fotografieren oder auch einfach den immer weiter werdenden Blick zu genießen.
Der Pfad, auf dem Tiere und Menschen nach oben schreiten, ist alt, aber wegen der NATO auf der Hälfte der Strecke zur Straße ausgebaut worden. Sie führt zu einer Radarstation östlich vom Epomeo. Für den öffentlichen Autoverkehr ist sie nicht zugelassen. Was sollten auch sonst die armen Eseltreiber machen?

Tip für den Muli-Ritt auf den Epomeo: Festhalten!

Das letzte Stück Weg ist das abenteuerlichste, über glatte Felsen geht es in Richtung Gipfel, und nur ein paar Meter unterhalb der höchsten Kuppe liegt der Absteigeplatz, auf dem mancher brave Esel wie auf Bestellung auch noch ein »Iah« zum Abschied trompetet. Man vergesse nicht, den Treibern hier einen erwarteten zusätzlichen Obolus zuzustecken.
Die Kapelle unterhalb des Gipfels heißt *San Nicola,* sie liegt im Tuffstein, schon 1495 gab es sie. Es heißt, daß hier schon in vorchristlicher Zeit ein Neptuntempel gestanden hat, und sicher haben die Römer den Gipfel als Signalstation genutzt. Zur San-Nicola-Kapelle gehörte eine Einsiedelei. Auch sie hat ihre Geschichte.
Unter den Einsiedlern, die jahrhundertelang hier wohnten, nimmt einer noch heute eine besondere Stellung ein.
Es handelt sich um einen Flamen, Joseph d'Argout, der sich aus besonderem Grunde 1778 hier oben einsiedelte. Joseph d'Argout war Kommandant des Kastells. Eines Tages mußte er zwei Deserteure seiner Garnison verfolgen. Hier oben in den Wäldern um den Epomeogipfel erwischte er die Kameraden und forderte sie auf, sich zu ergeben. Sie aber legten mit ihren Büchsen auf ihn an. Das war insofern besonders unangenehm, da Joseph d'Argout im selben Augenblick vom Pferd stürzte und in seiner Verteidigungsbereitschaft stark eingeschränkt war. Er rief San Nicola um Hilfe an und gelobte, diesem Heiligen für den Rest seines Lebens dasselbe zu weihen, falls er gerettet würde. Die beiden Deserteure hatten Ladehemmung. Joseph d'Argout war gerettet und zog in die Einsiedelei auf dem Epomeo. Ihm folgten zwölf seiner Männer vom Kastell nach, legten Mönchskutten an und schlugen sich Kammern in die Felsen, die man heute noch bewohnen kann. Inzwischen sind sie zu Doppelschlafzimmern geworden mit Balkon und großartiger Aussicht über Insel, Meer und Himmel und werden zu vernünftigen Preisen vermietet.
Es gibt auch eine andere Geschichte, warum Joseph d'Argout auf den Epomeo zog. Sie wird nicht so oft erzählt. Eines Tages, so heißt es in ihr, sei er vom Statthalter des Kastells bei zärtlichem Beisammensein mit dessen Frau erwischt worden. Er habe daraufhin und unvermittelt ohne Gepäck das Kastell und Stellung verlassen müssen und sei auf den Epomeo umgesiedelt oder umgesiedelt worden.
Wie dem auch sei, Joseph d'Argout wurde von der Bevölkerung sehr verehrt. Ständig wurden ihm Esel mit Lebensmitteln auf den Berg geschickt.
Der Name eines deutschen Eremiten, Oberle, der auf dem Epomeo

weit über dreißig Jahre gelebt hat, ist uns durch einen Reisebericht von Friedrich Leopold Graf zu Stolberg überliefert worden. Der Graf, dänischer Gesandter in Berlin, besuchte 1792 den Epomeo. Der alte Oberle war damals schon 86 Jahre alt und dem Reisebericht zufolge recht teilnahmslos. Oberle starb im Alter von 105 Jahren, nachdem er sich noch in einer Einsiedelei am Strand von San Francesco bei Forio niedergelassen hatte. Man sieht, die Luft auf dem Epomeo kann nicht ungesund sein.
Auf dem Gipfel des Epomeo gibt es zwei Restaurants; an der Militärstraße, die nach oben führt, liegt ein weiteres Lokal mit freundlicher Atmosphäre, das sich für einen Abendausflug lohnt.

Sieben Wanderwege und ein Spaziergang

Routenvorschläge

Eigentlich sollte nur der behaupten, Ischia zu kennen, der abseits der großen Straßen und Strände über die Insel gewandert ist, durch Weingärten, vorbei an Tuffsteinhöhlen, der Maultierpfade hinaufgeklettert, an hohen Ufern entlanggestreift ist, nur beäugt von den grünen Eidechsen.

Eine solche Wanderung kann eine regelrechte Anstrengung sein. Sie kann aber auch milder ausfallen. Die nachfolgenden sieben Vorschläge reichen von einem bis zum anderen Ende, auch geographisch. Sie sind dennoch nur eine kleine Auswahl sehr vieler Möglichkeiten, die es an allen Ecken, Enden und Küsten der Insel gibt. Für alle gilt: Man sollte als Ergänzung der hier beigefügten Skizzen vielleicht noch eine gute Übersichtskarte bei sich haben. Sie sind nicht gerade mit Generalstabskarten zu vergleichen, aber merkt man sich stets die Himmelsrichtung, die man anstrebt, ist beides zusammen eine wirksame Hilfe. In diesem Sinne wird empfohlen die »Neue Topographische Landkarte Ischia und Procida« von Interdipress snc, Maßstab 1:15 150. Sie wird an den meisten Kiosken verkauft.

Die eingezeichneten Wege sind nicht immer leicht zu finden, und eine *Strada Importante* kann sich als das herausstellen, was man zu Hause als verschlungenes und verstecktes Weglein bezeichnen würde.

Oft ist der breitere von zwei Wegen der falsche, eine Zufahrt zu einem Kelter, einem versteckt liegenden Haus, oder er führt vielleicht lediglich noch einhundert Meter am Hang eines Weinberges entlang und endet dann schnöde im Dornengestrüpp, während die Abzweigung nach rechts über den Berg tatsächlich zur nächsten Fahrstraße weiterleitet.

Einen Ausweg gibt es natürlich immer: umkehren; und man sollte nicht böse sein, wenn man mal zweihundert oder fünfhundert Meter doppelt laufen muß, sondern die stille Umgebung beobachten und damit genießen. Es gibt immer etwas zu sehen, vor lauter Üppigkeit ist es manchmal sogar etwas schwer, alles zu erfassen, auch und besonders die kleine Blume am Wege.

Vorschlag 1: Am und über dem Hafen von Porto

Von Porto über San Alessandro, dem Strand Spaggia degli Inglesi nach Castiglione und zurück

Einstieg: Via Jasolino am Hafen Porto. Zum Parco Comunale und Alessandro und den Strand der Engländer nach Castiglione.
Dieser Gang führt über glatte Wege, vermeidet steile Steigungen, bietet schattige Raststellen.
Man schaue sich zunächst den Hafen an, seine betriebsame mondäne bis halbmondäne und bürgerliche Vergnügungsseite mit den vielen Mittouristen und Gaststätten, Motorjachten, Bummelanten und Gewerbetreibenden. Das ist die östliche Seite, auch *rive droite* genannt. Der Westteil des Hafens, *rive gauche,* dient nicht nur dem Vergnügen. Hier ist die Hafenwirtschaft Ischias zu Hause, die Schiffsausrüster, die Spediteure, und hier befinden sich die großen Weinlager. Da liegen die Frachtboote, auf den kleineren Segeljachten schrubben die Besitzer persönlich, es wird geklopft und gehämmert, große Kisten und viele Fässer garnieren das Ganze.
Ausruhen kann man sich auch. Zwischen Pier und dem oben gelegenen Omnibusbahnhof gibt es ein kleines Einkaufszentrum mit stillem Innenhof.
Biegt man kurz vor dem Ende dieser Hafenseite nach links ab, steht man nach wenigen Metern vor der einzigen Moschee Ischias und am Eingang zum *parco comunale.* Der Park ist gepflegt wie ein deutscher

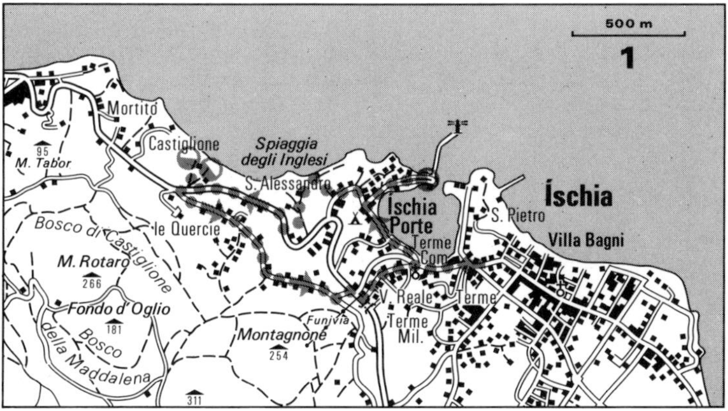

Kurpark, schattig, hat saubere Promenadenwege, Trinkwasserspender und – neben dem Häuschen des Parkwächters – *custode* – eine blitzsaubere Toilette. Der Park bietet besonders schöne Aussichten auf Porto, seinen Hafen und das Meer. Von der Terrasse an der Spitze kann man nach vier Seiten blicken.
Auf dem Rückweg zweigt 300 Meter nach Verlassen des Parks rechts die kleine Via Alessandro ab. In kaum mehr als fünf Minuten erreicht man die Höhe, von der es rechts über Stufen hinuntergeht zur *Spiaggia degli Inglesi,* zum stillen »Strand der Engländer«. Von der Höhe der Via Alessandro geht es weiter – wieder in wenigen Minuten – an Orangenbäumen vorbei zur breiten Straße, die nach Casamicciola führt.
Die große Autostraße ist eine *panoramica.* Geht man auf ihr in Richtung Casamicciola, ist man bald über dem Strand von *Castiglione,* der die heißesten Gewässer Ischias hat. An einigen Stellen führen Treppen hinunter zum Strand. Für den Weg zurück nach Porto kann man die alte Fahrstraße wählen, die oberhalb der neuen am Hang entlangläuft, eine richtige Panoramastraße mit klassischen Fotomotiven. Man achte auf die schönen Namensschilder an den Häusern, aus bunter Keramik.

Vorschlag 2: Der Blick auf Ischia, den Golf und um die Ecke

Von Campagnano auf Umwegen nach Ponte

Einstieg: Mit der Buslinie 8 von Porto nach Campagnano.
Schon die Anfahrt zu dieser nicht sonderlich anstrengenden Wanderung ist ein Erlebnis. Von der Hauptstraße biegt der Bus bei den *Pilastri* nach links ab und fährt dann an dem 400 Jahre alten Aquädukt entlang. Bald kann man den ersten weiten Blick auf Ischia und den Golf von Neapel genießen. An der Kirche von Campagnano ist die Fahrt zu Ende, weiter geht es zu Fuß nach Westen . . .
Am westlichen Ende des Aquädukts beginnt das Dorf *S. Antuono.* Es hat seinen Dorfcharakter schon weitgehend verloren und Anschluß an das gefunden, was man Tourismus nennt. Dennoch bleibt es ein Dorf. Von der Kirche hat man den ersten weiten Ausblick auf Ischia

Der Fischfang ist neben dem Fremdenverkehr immer noch eine gute Erwerbsquelle.

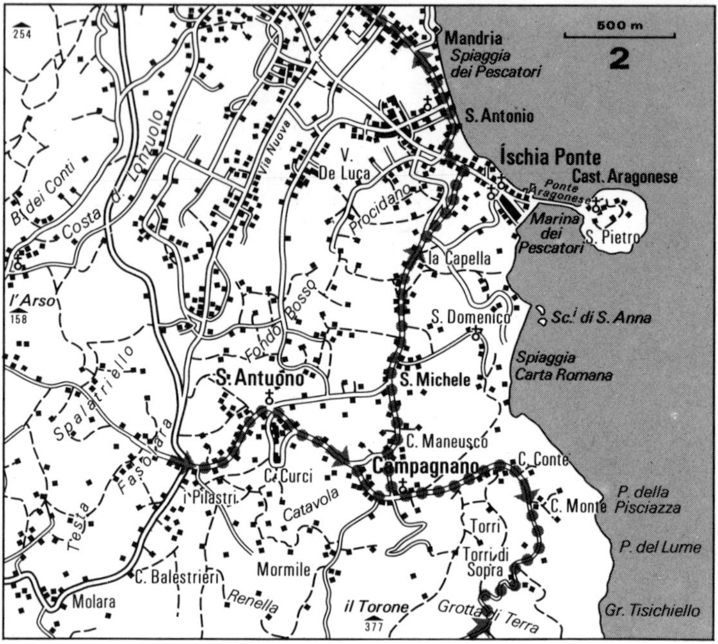

und den Golf. Dann geht es rechts bergauf, nach dem doch noch dörflicheren und abgelegeneren *Campagnano.* An der Haltestelle des Omnibusses aus Porto liegt »Barracuda«, ein Ristorante, Café, Boutique und Muschelausstellung, die einem Kieler Professor zu verdanken ist. Seine Tochter ist die Hausherrin von Barracuda.

An der Kirche von Campagnano hört die Straße auf, weiter geht es am Hang entlang nach Westen, vorbei an einigen hochherrschaftlichen Sommervillen zum Restaurant *Il Torchio.* Wer noch weiter geht, erlebt eine Überraschung: Der Weg wird schmaler, er geht am Hang entlang über dem Meer, an dessen Horizont kein Land zu sehen ist. Nach etwa einer halben Stunde kommt man in einen kleinen Hohlweg. Steigt man in ihm steil nach rechts oben – es wird immer enger –, wendet sich am Ende dieser hohlen Gasse nach links und steigt bei der nächsten Gelegenheit wieder nach rechts in die Höhe, kommt man zu einigen Häusern, vor denen man sich in uralte Zeiten versetzt

fühlt. Selbst der Esel, der seinen Stall in einer offenen Grotte wie der von Bethlehem hat, fehlt nicht.
Von hier führt ein breiterer Weg ohne Aussicht auf das Meer zurück nach Campagnano. Es lohnt sich, am Hang zu bleiben und auf demselben Weg nach Campagnano zurückzugehen. Man erlebt die Aussicht noch einmal, aus anderer Perspektive und in anderem Licht.
Von Campagnano gibt es eine Treppe mit 100 Stufen zum tiefer gelegenen San Michele. Von hier fährt die Linie 8 nach Ponte und in umgekehrter Richtung via Pilastri nach Porto.

Vorschlag 3: Zum steilen Ufer

Von Molara über Montevergine zur Steilküste und nach Chiummano – Vateliero

Einstieg: Bus Nr. 5 Porto – Maronti – oder Rundfahrtlinie CD bis Molara zwischen den Pilastri und Piedimonte.
Von der Haltestelle *Molara*, so genannt, weil aus einem Steinbruch

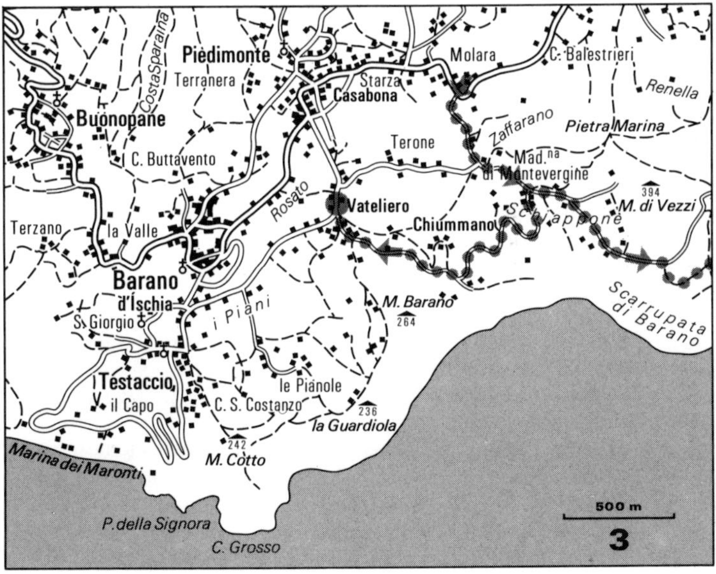

dieser Gegend das Material für den Molenbau in Porto geliefert wurde, zweigt ein Weg (Schild »Tennisclub« folgen) links ab, der bald eng und recht steil wird, ein alter Maultierpfad. In einer Viertelstunde erreicht man die Höhe, auf der, von weit her zu sehen und nachts angestrahlt, die kleine Kirche der Madonna di Montevergine mit der großen Uhr steht. Die Uhr wurde gestiftet von Bewohnern dieses Dörfchens, die nach Amerika auswanderten. Sie wird sogar ab und zu auf die richtige Zeit eingestellt, was bei den öffentlichen Uhren Ischias offenbar nicht sonderlich häufig vorkommt; denn man kann sich nur selten darauf verlassen, daß die Uhrzeit stimmt. Wozu auch, wenn die Sonne so schön scheint und alles auch ohne Uhr wächst, blüht und gedeiht.
Von der Kirche kommt man in einer weiteren Viertelstunde – man folge der Lichtleitung, die erst links, später rechts vom Weg nach oben gezogen ist – zur Steilküste. Aus 200 Meter Höhe senkrecht über dem Meer schaut man zwischen uralten Oliven und Agaven auf das unendlich blaue Meer, in dessen Dunst Capri zu erkennen ist. Meist ist man dabei ganz allein.
Als Fortsetzung wird vorgeschlagen: Auf demselben Weg zunächst bis zur Kirche zurück; dann links hinauf in die Weinberge, zwischen ihnen am Hang entlang in einen Kastanienwald, in dem man auf einem Fahrweg bequem nach *Chiummano* und hinunter nach *Vateliero* kommt. Jeder zweite Bus der Linie Porto – Maronti – Porto fährt durch Vateliero. Will man sichergehen und auf jeden Fall den nächsten erreichen, gehe man nach rechts zurück zur Hauptstraße (1500 Meter) bei *Piedimonte* oder links nach *Testaccio;* das ist auch nicht viel weiter.

Vorschlag 4 und 5: Ohne größere Mühe über den Berg und um die Ecke herum

Von Casamicciola nach Fiaiano
und von S. Francesco nach Lacco Ameno

Dies sind zwei Vorschläge, deren Befolgung nicht sonderlich viel Zeit und auch keine allzu große Mühe kostet.
Einstieg zu 4: Von Casamicciola (nahe der Keramikfabrik *Menella*) – am einfachsten mit Microtaxi – durch die *Via Cumana* und Via Cretaio bergauf bis zum Kraterrand des Fondo d'Oglio.
Vor diesem kreisrunden, vom Rand bis zur Sohle dicht bewaldeten Krater ist die Erde noch warm, an manchen Stellen dampft sie.

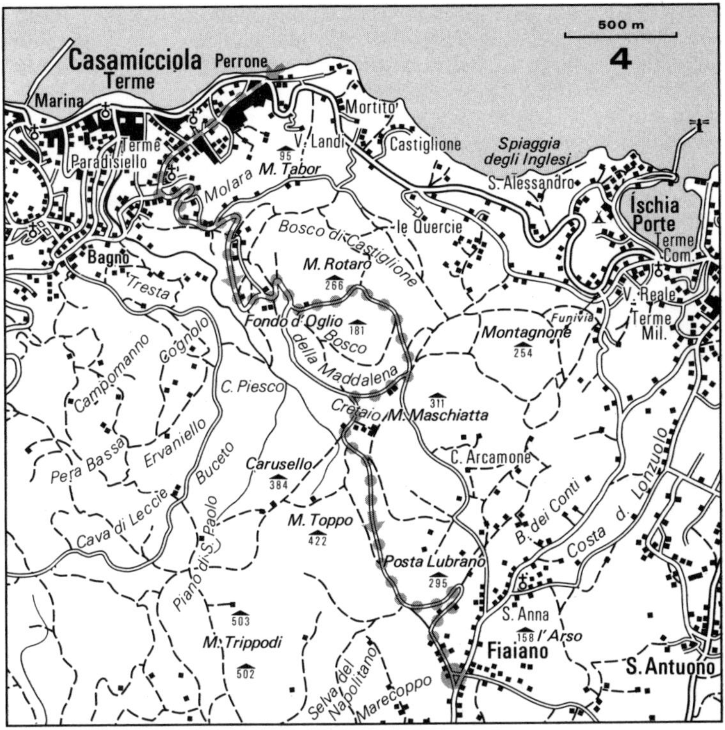

Von hier geht es zu Fuß – den Krater rechts liegen lassen – etwa zehn Minuten lang bergauf durch den Pinienwald, um den Krater herum bis zur gegenüberliegenden Seite, dann auf relativ bequemem Weg, der bald zur Straße wird, bergab, an der kleinen Kirche von *Cretaio* vorbei, zwischen *Monte Toppo* (422 m) und *Posta Lubrano* (295 m) nach *Fiaiano* am Rand des riesigen *Arsokraters*. Das dauert weniger als zwei Stunden. Von Fiaiano gibt es Busverbindung nach Porto (Linie 6). Vorher sollte man in Ruhe den Blick von hier oben auf die breite fruchtbare Mulde genießen, in deren Mitte sich der Pinienwald bis Porto erstreckt – und auf den Golf bis hinüber zum Vesuv.

Einstieg zu 5: Mit dem Bus von Porto (Linie 1 und CS) oder von Forio (Linie 1 und CD) bis zur Haltestelle »Purgatorio«. Sie liegt zwei Kilometer von Forio entfernt am Fuß der Bergstrecke, die nach *Lacco Ameno* führt, nahe dem Strand von *San Francesco.*

Von hier zu Fuß über Serpentinen hinauf zum *Monte Caruso,* 56 Meter hoch, und vorbei an *La Guardiola,* 102 Meter hoch. Der Abstecher zu diesem Gipfel lohnt sich nicht. Man bleibe besser auf dem bequemen Weg rund um die nordwestlichste Halbinsel Ischias. Er führt durch Wald, öffnet immer wieder den Blick auf die See – und auf recht komfortable Villen. Der Weg ist eine Privatstraße; die Eigentümer tolerieren aber Fußgänger, die ihre Ruhe nicht stören. Er endet an einem großen Tor an der Straße, die hinunter nach Lacco Ameno führt. Vorher kann man noch einen Abstecher nach links zur Bucht von San Montano machen. An dieser Straße liegen die Ausgrabungsstätten der griechischen *Nekropolis.* Der Berg darüber ist der *Monte Vico,* einst die Akropolis der Griechen. Zeugnisse dieser Zeit sind im Museum unter der Kirche *Restituta* in *Lacco Ameno* zu betrachten.

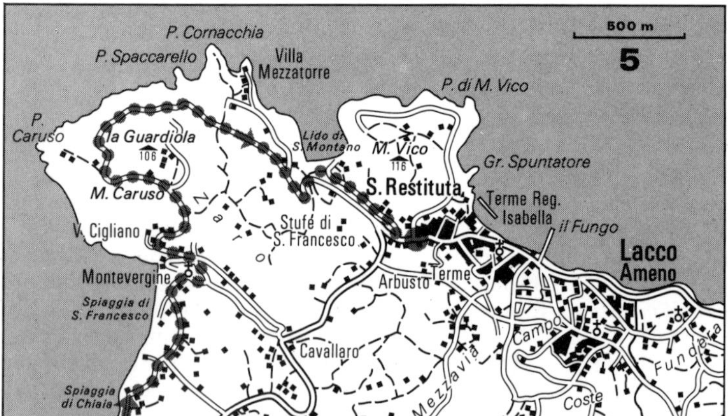

Forío – das Ziel der Wanderung 6 auf der Strada Borbonica, die am Hang des Pizzone-Massivs verläuft, das sich hinter der Stadt erhebt.

Vorschlag 6: Ein Spaziergang und viel Aussicht

Auf der Strada Borbonica von Maio über Fango nach Forio

Einstieg: Bus (Linie 4) von Lacco Ameno bis Fango.
Die alte Fahrstraße wird *strada Borbonica* genannt, die bourbonische Straße. Sie ist fünf Kilometer lang und hat keine besonderen Steigungen; auf der einen Seite sieht man die Nordküste Ischias und das weite Meer, auf der anderen Weingärten mit lustigen und luftigen Terrassenkneipen, in denen die Ischitaner selbst gern fröhlich und lautstark feiern. Von keiner anderen Stelle hat man eine so schöne Aussicht auf die belebte Nordseite Ischias von *Lacco Ameno* bis *Porto,* überwacht vom *Cap Miseno* auf dem Festland und dem Vesuv im Hintergrund.

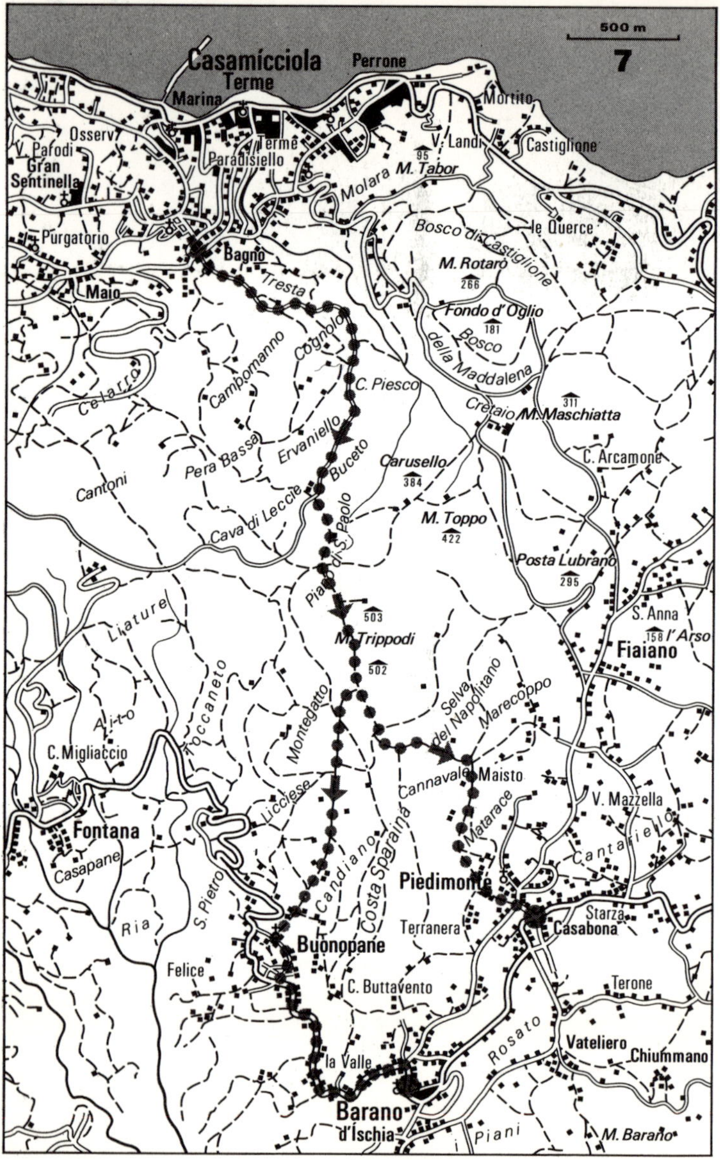
500 m
7
Casamicciola
Terme
Perrone
Marina
Mortito
Osserv.
Terme
V. Landi
Castiglione
V. Parodi
Paradisiello
95
Gran
Sentinella
Molara
M. Tabor
Purgatorio
Bosco di Castiglione
le Querce
Bagno
M. Rotaro
266
Maio
Tresta
Fondo d'Oglio
181
Campomanno
Cognolo
Bosco
della Maddalena
Celarro
C. Piesco
311
Cretaio
M. Maschiatta
Ervaniello
Pera Bassa
Buceto
Carusello
C. Arcamone
384
Cantoni
Cava di Leccie
Piano di S. Paolo
M. Toppo
422
Posta Lubrano
295
Liature
503
S. Anna
M. Trippodi
158
l'Arso
Fiaiano
502
Toccaneto
Selva del Napolitano
Marecoppo
Ai-t-o
Montegatto
C. Migliaccio
Cannavale
Maisto
Licciese
Matarace
V. Mazzella
Fontana
Costa Sparaina
Cantariello
Casapane
Candiano
Piedimonte
S. Pietro
Starza
Ria
Casabona
Terranera
Buonopane
Felice
C. Buttavento
Terone
Rosato
Vateliero
Chiummano
la Valle
Barano
d'Íschia
Piani
M. Barano

Wir hoffen, daß Ihnen dieser LN-Touristikführer bei der Planung und Durchführung Ihrer Reise gute Dienste leisten konnte.

Für Verbesserungsvorschläge, Hinweise auf Veränderungen im Reisegebiet und Anregungen aller Art sind wir stets dankbar. Sie helfen uns damit, den in bislang über 4 Millionen LN-Touristikführern bewiesenen Qualitätsstandard zum Nutzen aller Leser zu sichern und weiter zu steigern.

LN-Verlag Lübeck

Bitte möglichst deutlich schreiben

Bitte wenden

Diese Karte wurde entnommen
dem LN-Touristikführer

______________________ Nr. ______

____

Vorname, Name

____

Beruf

____

Straße

____

Postleitzahl, Ort

____

ggf. Telefon/Telex

So reise ich am liebsten

- ☐ auf eigene Faust
- ☐ mit einem Reiseveranstalter

Wir setzen Ihr Einverständnis voraus,
diese Angaben auf Datenträgern zu speichern
und Sie von Zeit zu Zeit über
unser Verlagsprogramm zu informieren.

200/6.89

Bitte
als
Postkarte
freimachen

LN-VERLAG

Postfach 2238

2400 Lübeck 1

Vorschlag 7: Die Nord-Süd-Passage oder die Bergtour querdurch

Von Casamicciola durch Buceto über den Kamm in 500 Meter Höhe nach Piedimonte oder durch die Falanga nach Forio

Einstieg an der *Piazza Bagni* in *Casamicciola* neben den *Terme Bagni.* Durch die *Via Ombrasco* steil hinauf nach *Buceto.*

Dies ist eine richtige Bergtour. Hinter den letzten Häusern von *Casamicciola-Bagni* beginnt der Hohlweg nach *Buceto.* Er ist ein Maultierpfad, man erkennt das von Zeit zu Zeit an den abgetretenen Steinen und auch anderen tierischen Spuren. Nach einem Kilometer ist man schon über 400 Meter hoch. Das dauert etwa 40 Minuten. Unterwegs achte man an einer Weggabel auf weiß markierte Bäume.

Die Fortsetzung des Weges von der ersten Höhe mit dem Blick nach beiden Küsten der Insel ist nicht leicht zu finden. Unmittelbar nach dieser Art Mini-Paß biegt der Weg rechts ab in einen Hohlweg. Bergauf bis zu einer Kanzel. Von hier geht es weiter nach oben. Man achte auf einen roten Pfeil auf einem Stein. Der Ausblick wird immer größer. Jetzt ist der ganze Golf von Neapel zu sehen. Dann geht es links auf die Höhe. Auf der anderen Seite des Tales liegt eine Radarstation in Marschrichtung. Bei zwei Ruinen links abbiegen in einen Hohlweg Richtung Süden. Der Hohlweg führt in ein stilles Hochtal. An dessen Ende teilt sich der Weg. Links geht es hinunter nach *Piedimonte* über *Matarace,* das wie in einer großen Wiege liegt. Deshalb behaupten die Ischitaner, daß hier nur Jungen gezeugt werden, und geben den jungen Frauen, die sich einen Buben wünschen, den Rat, nach Matarace zu gehen.

Der Abstieg nach rechts, nach *Buonopane,* ist einfacher, bequemer. Zwischen Buonopane und Barano kann man sich dann noch an der *Nitrodiquelle* laben, wo die Mädchen so blanke Haut und die Bettlaken so sinnliche Kraft bekommen sollen.

Es gibt eine Möglichkeit, diese Bergtour noch zu verlängern, wenn man auf der Höhe nicht links abbiegt, sondern in Richtung der beiden höchsten Berge Ischias, *Epomeo* und *Capo dell 'Uomo,* weitergeht. Beide Gipfel bleiben links liegen; Marschrichtung Westen; etwa zwei Kilometer bergab liegt die schöne Bergkirche *S. Maria del Monte.* Bis Forio sind es dann ungefähr noch drei Kilometer.

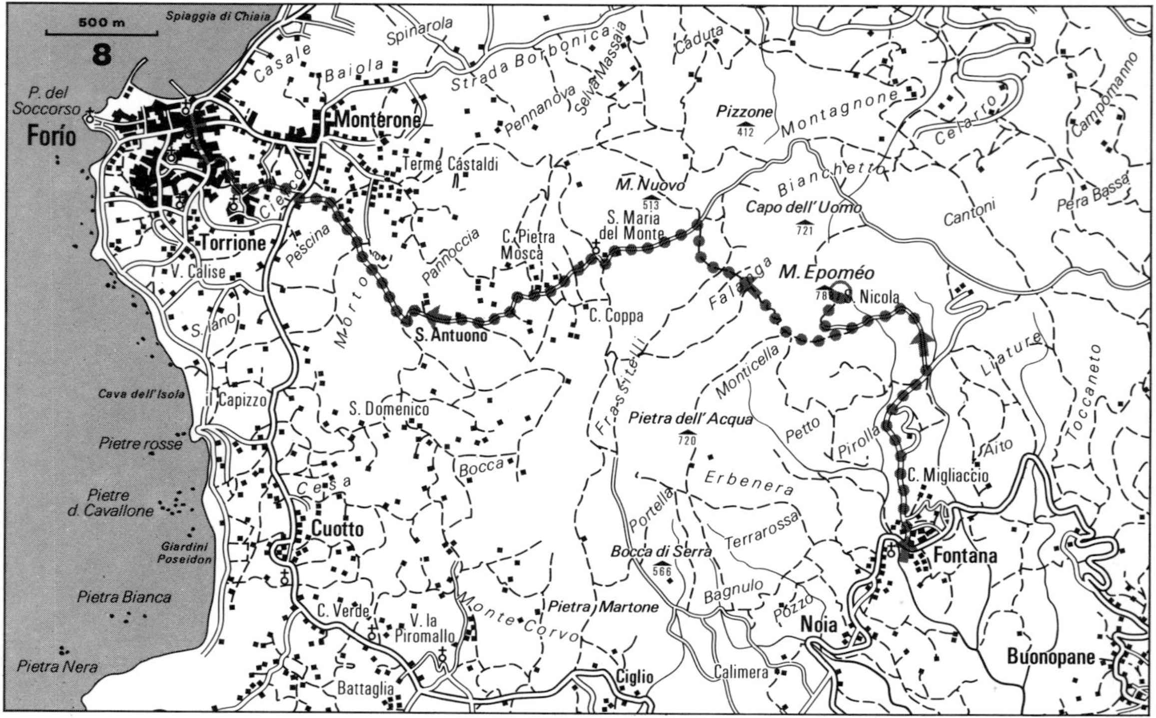

500 m
8
Spiaggia di Chiaia
P. del Soccorso
Forío
Casale
Baiola
Spinarola
Monterone
Strada Borbonica
Pennanova
Selva Massaia
Caduta
Pizzone
412
Montagnone
Celarro
Campomanno
Terme Cástaldi
Cierco
Torrione
Pescina
V. Calise
S. Ilano
Mortoto
Pannoccia
C. Pietra Mosca
M. Nuovo
513
S. Maria del Monte
Bianchetto
Capo dell'Uomo
721
Cantoni
Pera Bassa
M. Epoméo
788
S. Nicola
Falanga
S. Antuono
C. Coppa
Frassitelli
Monticella
Liature
Toccaneto
Cava dell'Isola
il Capizzo
S. Domenico
Pietra dell'Acqua
720
Petto
Pirolla
Aito
Pietre rosse
Bocca
Erbenera
C. Migliaccio
Pietre d. Cavallone
Cesa
Cuotto
Portella
Terrarossa
Giardini Poseidon
Bocca di Serra
566
Fontana
Pietra Bianca
C. Verde
V. la Piromallo
Monte Corvo
Pietra Martone
Bagnulo
Pozzo
Noia
Pietra Nera
Battaglia
Ciglio
Calimera
Buonopane

Vorschlag 8: Die Bergtour, die meist bergab geht

Von Fontana über den Epomeo durch die Falanga und über Santa Maria del Monte nach Forio

Einstieg: Mit dem Bus (CD von Porto oder CS von Forio) bis *Fontana;* dann Richtung *Epomeo.*

Diese Tour führt auf die größten Höhen Ischias, aber man kann einige Marscherleichterungen nutzen. Einmal dadurch, daß man bis zum hochgelegenen *Fontana* (452 m) mit dem Omnibus fährt und dann womöglich noch den Esel für den Ritt auf den *Epomeo* nutzt. Dann besteht die Bergwanderung nur aus Abwärtsschreiten. Man kann sich die Tour schwermachen, etwa, indem man sie umgekehrt geht. Der Aufstieg von *Forio* zum Epomeo ist lang.

In der vorgeschlagenen Richtung erreicht man von Fontana auch ohne Esel den Epomeo in einer knappen Stunde, wenn man zügig durchläuft. Der Weg in die *Falanga,* den tiefen Kastanienwald mit den Tuffsteingrotten, in denen früher der Schnee konserviert wurde, zweigt vom Epomeoaufstieg etwa 300 Meter vor dem Gipfel aus der Mitte eines Hohlweges links ab. Nach etwa 200 Metern rechts halten. Neben einer Tuffsteingrotte geht es dann sehr steil nach unten in die Falanga.

Im Wald geht es etwa einen Kilometer nach Nordwest. Richtungspunkt ist, wenn man mal eine freie Aussicht erwischt, die Nordwestecke der Insel mit *Lacco Ameno.* Dann wird der Weg wegsamer und zweigt nach links, also nach Westen, ab. Rote Punkte helfen, ihn zu finden.

Weiter geht es dann bergab mit immer weitem Blick auf die Westseite der Insel, das Meer·und *Forio* mit *Soccorso* zur Bergkirche *S. Maria del Monte.* Der Abstieg endet bei den *Castaldithermen* in Forio, wo man dann auch schnell wieder einen Omnibus bekommt.

Bewegte Zeiten

Geschichte

Man mag sich schon wundern, mit welcher Gelassenheit die Bewohner der Insel alle deren Schönheiten ertragen. Waren diese auch der Grund dafür, daß die Ischitaner sogar die unruhige Geschichte offenbar recht unbeteiligt überlebt haben, daß sie ebenso gelassen ihrer Vergangenheit gegenüberstehen? Recht besehen, waren sie allerdings tatsächlich ohnehin meist Unbeteiligte. Immer stritten sich andere um Ischia.

Funde aus der Steinzeit auf der Insel haben Hinweise gegeben, daß vor 4000 Jahren hier schon Menschen gelebt haben. Auch in der Bronzezeit 1000 vor Christus war die Insel bewohnt.

Es folgten dann Zeiten, in denen vermutlich die Phönizier, die ersten Seefahrer des Mittelmeeres, den Wert dieses großen Stützpunktes entdeckten, und etwa 800 vor Christus kamen die Griechen an.

Kolonisten aus den griechischen Nachbarstädten Chalkes und Eritrea in Euböa gründeten die erste Stadt auf dem Monte Vico bei Lacco Ameno. Sie gaben ihr und der Insel den Namen *Pithekoussai.* Wenn auch andere Griechen den Leuten aus Euböa nachsagten, sie seien nicht sonderlich klug, so verdanken wir diesem griechischen Drang nach Westen immerhin, daß wir uns schriftlich verständigen können. Das Alphabet kam mit den Griechen.

Die Griechen auf Pithekoussai lebten vom Tauschhandel, sie tauschten Erze von Elba gegen orientalische Waren.

Im Jahre 474 vor Christus wurde die Insel Syrakus überlassen. Ein Heer des Tyrannen Hieron I. hatte die Etrusker besiegt, Pithekoussai war der Lohn dafür. Aber die Herrschaft der Syrakuser dauert nur vier Jahre, dann wurde nach einem großen Erdbeben die Insel verlassen. Im 4. Jahrhundert vor Christus tauchten die Römer auf. Neapel, Hauptstadt der parthenopeischen Republik, wurde 328 vom römischen Konsul Publius Philo erobert. Die Römer entdeckten daraufhin unverzüglich den Ferienwert der Insel, deren Silhouette man ja vom Strande Neapels deutlich genug sah. Sie tauften sie um. *Aenaria* wird der neue Name. Die Insel wird zum Modebad, allerdings behält die Gemeinde auf dem Monte Vico durchaus ihren griechischen Charakter, man sieht es an den Erzeugnissen der Töpferei. Doch im Jahre 80 kommen wieder böse Zeiten. Aenaria wird vom römischen Diktator Sulla kurzerhand beschlagnahmt, also Neapel weggenommen und Rom unmittelbar unterstellt zur Strafe dafür, daß Neapel im Bürgerkrieg Sulla – Marius die Marianer unterstützt hatte.

Bei der Strafexpedition Sullas wird die Gemeinde auf dem Monte Vico zerstört, genau wie die Stadt Neapel. Und wieder kommt nach kurzer Zeit eine Naturkatastrophe. Im Jahre 80 bricht der Vulkan auf dem Monte Taborra aus. Wieder ziehen die Bewohner zum Festland um.

Die Römer haben kein sonderlich großes Interesse mehr an Aenaria. 29 vor Christus tauscht Augustus Aenaria gegen Capri, um seiner Tochter eine Freude zu machen. Die Insel gehört nun wieder zu Neapel.

Sie teilt wieder das Schicksal Neapels. Die Vandalen kommen, die Byzantiner, die Langobarden, die Franken, die Sarazenen – sie verwüsten im Jahre 812 nach Christus die Insel ziemlich – und auch die Normannen gehören zu den Interessenten.

In jener Zeit kommt der Name *Ischia* auf, das meint man ziemlich sicher zu wissen. Weniger sicher ist die Erklärung, was das Wort Ischia bedeutet. Es gibt einige abenteuerlich anmutende Vermutungen. Etwa jene, die das Wort mit dem *uisque* der Schotten in Verbindung bringt, aus dem bekanntlich *Whisky* wurde. Ein gemeinsamer Bezug wäre schon aufzutreiben. *Uisque,* gälisch auch *isca,* bedeutet Wasser des Lebens. Und das hatte die Insel ja auch damals schon tatsächlich in reichlicher Menge und heilsamer Qualität. Oder ist einfach die Festung damit gemeint, die man griechisch *Iskion* nennt?

Eine andere Erklärung zeigt wieder nach dem rauhen Norden. Im Altnordischen gibt es einen Ausdruck *Fiagi casta,* was soviel bedeuten soll wie *sich nach Feigen sehnen.* Auch Feigen hat es schließlich schon gegeben, als die Krieger aus dem Norden sich auf Ischia sonnten.

Die einfachste Deutung besagt, daß Ischia weiter nichts heiße als Insel, aus *Insula* wurde *Iscla* und schließlich *Ischia.*

Festen Boden haben wir wieder unter den Füßen, wenn wir an das Jahr 1154 denken. Die Mannen Kaiser Barbarossas erobern Ischia. Sein Sohn Heinrich VI. wird durch Heirat Herrscher von Neapel-Sizilien.

Dessen Nachfolger, der Gründer der Universität Neapel, Friedrich

II., regiert von Sizilien aus, stirbt in Castel Fiorentino in Apulien und wird in Palermo begraben. So ganz friedlich geht es zu jener Zeit doch nicht zu. Die Insel muß gegen die Staufer verteidigt werden, die Kirche in Rom ist gegen Friedrich. 1260 bekommt Karl von Anjou Sizilien und Neapel vom Papst zugesprochen für den Fall, daß er die Staufer davonjagt. Der Anjou läßt den letzten Staufer, den 17 Jahre alten Konradin, am 29. Oktober 1268 auf dem Marktplatz von Neapel köpfen, obwohl Konradin von einem Kriegsgericht freigesprochen worden war.

Karl von Anjou macht sich schnell unbeliebt, er ist ein harter Herrscher, und es kommt unter der Führung von Giovanni da Procida 1282 zur Sizilianischen Vesper, womit der Ostersonntag in Palermo gemeint ist, an dem alle Franzosen, die sich dort aufhielten, getötet wurden.

Ischia steht auf der Seite der Gegner der Anjous, 1285 übernehmen die Aragonesen die Insel. Aber das Reich der Aragonesen dauert nur 14 Jahre; 1299 kommt Karl II. von Anjou und übernimmt die Insel. Die Verwüstungen, die seine Krieger anrichteten, sollen furchtbar gewesen sein. Doch das Regiment wird milder, die Anjous werden zu den großen Mäzenen von Boccaccio und Petrarca.

Im Jahre 1438 kommt Alfonso V. von Aragon – als König von Neapel heißt er Alfonso I. – mit 300 in verschiedener Hinsicht kräftigen Katalanen und macht der Anjouherrschaft auf Ischia ein Ende. Vier Jahre später erobert Alfons von Ischia aus auch Neapel. Auf der Insel setzt er eine Waffenart zur Festigung seiner Herrschaft ein, die man eigentlich als heimtückisch bezeichnen möchte. Er läßt 600 Insel-Familienväter evakuieren und weist diesen schwere körperliche Arbeit zu. Gleich darauf verheiratet er eine entsprechende Anzahl seiner Katalanen mit den zurückgebliebenen Frauen und Töchtern. Wer mag sich da noch wundern, daß Ischia heutzutage immer mal wieder und unvermittelt ein spanisches Gesicht zeigt und die Ischitaner die Spanier vor allen anderen Ausländern lieben.

Derselbe Alfons läßt, wie bereits berichtet, auch das Kastell großzügig umbauen und den Damm von der Landseite her anlegen, um dann die ganze Anlage der schönen Lucrezia d'Alango zu übergeben, der man in Geschichtsbüchern nachsagt, sie sei eine Könnerin in der Liebe gewesen.

Immerhin führt die spanische Herrschaft zu einer Blütezeit in kultureller Hinsicht, die Renaissancebauten in Neapel beweisen es, und als die französischen Anjou wieder einmal versuchen, alte Gefilde für sich zu gewinnen – das ist 1467 –, bleibt Ischia den Spaniern treu.

Hier wurde Geschichte geschrieben: Castel Nuovo in Neapel.

Dafür setzt der aragonische Fernandino II. Innico d'Avalos Marchese del Vasto zum autonomen Herrn über Ischia ein. Die Familie hält diese Stellung bis 1729. Ihr berühmtester Sohn wird Ferrante d'Avalos, Herzog von Pescara, sein, der Mann der Vittoria Colonna, die wiederum als große Dichterin Italiens in die Geschichte eingeht. Ferrante hat den Ruhm, der glänzendste Feldherr Kaiser Karls V. gewesen zu sein. Er schlägt die Franzosen entscheidend 1525 bei Pavia, stirbt aber im selben Jahr an einer Verwundung.
Die sonst ruhige Zeit unter den d'Avalos wird für Ischia nur durch ein paar Zwischenfälle unterbrochen: Seeräuber und Korsaren greifen

an, oder die Genuesen versuchen, sich eine Scheibe der Insel abzuschneiden oder auch das Ganze zu nehmen. Alles mißlingt.
Von 1713 bis 1735 wird Ischia – mit Neapel – österreichisch, dann erobert Karl von Bourbon die Gegend; aus ihm wird Karl III.
Wieder bleibt es ein paar Jahrzehnte ruhig auf und um Ischia. 1799 erklärt sich Neapel zur Parthenopeischen Republik, die Engländer mischen sich ein, Admiral Nelson beschießt und besetzt die Insel.
1806 kommen die neuen Franzosen, Napoleon setzt zunächst seinen Bruder Josephe Bonaparte und zwei Jahre später Schwager Murat auf den Thron von Neapel. 1809 beschießen wieder die Engländer das Kastell. Dabei wird die Kathedrale zerstört, 14 Tage lang halten sich bourbonische Truppen auf der Insel auf, dann übernimmt wieder Murat das Kommando.
Bis 1815 hielt sich Murat als König von Neapel, doch dann ging es zu Ende, er floh nach Ischia; dies war sein letzter Aufenthalt in Freiheit. Von hier segelte er nach Korsika, woher die Bonapartes ja kamen, und als er ein Jahr später versuchte, wieder in Süditalien Fuß zu fassen, wurde er verhaftet und hingerichtet.
Die Ischitaner aber liebten ihn bis zum letzten Tage seiner Herrschaft. Nun waren die Bourbonen wieder da, Ferdinand IV. kommt nach Neapel zurück. Von jetzt ab heißt er Ferdinand I., König beider Sizilien.
Für Ischia bringt die Bourbonenerneuerung ebenfalls etwas Neues. Ab 1823 wird das Kastell als Zuchthaus zweckentfremdet. Auch sonst kommen nicht gerade rosige Zeiten. 1828 bebt die Erde, 1837 sterben viele Menschen an der Cholera, und 1854 bebt die Erde erneut.
Doch es geschieht auch Erfreuliches. König Ferdinand II., der den Aufenthalt auf Ischia liebt, seit er 1843 zum ersten Male zu Besuch auf die Insel gekommen ist, läßt den Hafen bauen. Das Kastell wird Gefängnis für italienische Patrioten.
1860 vertreibt Garibaldi mit seinen »Rothemden« die Bourbonen aus Süditalien und Sizilien, beide Landesteile schließen sich mit Sardinien zusammen, und 1861 wird der König von Sardinien-Piemont, Viktor Emanuel II. aus dem Hause Savoyen, König von Italien.
Garibaldi kommt 1864 nach Ischia als Kurgast, er heilt seine Wunden in Casamicciola.
Auch das neue Italien erkennt keine andere Möglichkeit, das Kastell zu nutzen, als hier Gefangene einzusperren. Bis 1895 bleiben Schloß und Felsen eine Strafkolonie. 1913 kauft der Rechtsanwalt Mattera – wie bereits erwähnt – die ganze Anlage für 43 000 Lire.
Inzwischen ist es auf Ischia längst sehr still geworden. Nach dem

großen Erdbeben, bei dem 2300 Menschen ums Leben kamen, 800 verwundet und 1200 Häuser in Casamicciola zerstört wurden, kamen kaum noch Fremde zur Insel.
Erst 1942 sah man wieder Ausländer in größerer Zahl. Sie hielten sich hier allerdings bis 1944 in einer durchaus fremdenverkehrshinderlichen Weise auf. Es waren deutsche Soldaten.
Alles ging vorüber. In den fünfziger Jahren wurde Ischia, die grüne Insel mit großer Heilkraft, der sanften Luft, den freundlichen Formen, wieder von und für Touristen entdeckt.
Ischia mit seiner alten Geschichte, die von Fremden gemacht wurde, scheint am Beginn einer Entwicklung zu stehen, die auch von Fremden verursacht wird – aber den Ischitanern hoffentlich mehr zugute kommt.

Der Blick ringsum

Neapel, Vesuv, Capri

Man hat ihn jeden Tag vor sich auf Ischia: den *Golf.* Man sieht sie – meist – im Dunst liegen: *Neapel,* den *Vesuv, Capri.*
Man kommt um sie nicht herum, und das ist gut so. Der Besuch sollte zu einem normalen Ischia-Aufenthalt gehören. Vielleicht auch wegen der Freude, die man empfindet, wenn man nach anstrengender Sightseeing-Tour den Epomeo über dem Schiffsbug größer werden sieht und die etwas müden Füße wieder auf sein Ischia setzen kann. Deshalb gehören wohl ein paar kurze Hinweise in eine Ischia-Lektion, was man bei einem Besuch in der Nachbarschaft in kurzen Zügen genießen kann. Jedoch ein Ratschlag vorweg: Neapel auf eigene Faust kennenlernen ist problematisch. Es gibt vorzüglich organisierte Führungen. Sie sind zu empfehlen.

Zwei Spaziergänge in der Hafenstadt *Neapel*

Neapel, Napoli, Neapolis (= Neustadt) wurde vor 2500 Jahren von den Griechen gegründet, 1139 kam es zum Königreich Sizilien, 1224 erhielt es durch den Staufer Friedrich II. seine Universität. 1266 wurde es Hauptstadt. Später wechselten die Herrscher, von 1503 bis 1707 regierten spanische Vizekönige, 1713 zogen die Habsburger ein, 1748 die Bourbonen, nach der napoleonischen Zeit kamen die Bourbonen wieder, und 1860 schloß es sich dem neuen Königreich Italien an.
Der Punkt, den die meisten Ischiafahrer in Neapel kreuzen, ist die *Stazione Marittima.* Nebenan liegt der *Molo di Beverello.* Von hier fahren die kleinen Motorschiffe zur Insel. Die Stazione ist der Überseehafen für Passagiere. Sie wurde als eine Art Empfangssalon Neapels im Jahre 1936 erbaut, was man am Baustil leicht erkennt.
Am Beverellokai stehen bei der Ankunft der Boote die Rundfahrtbusse bereit mit ihren freundlichen und vielsprachigen Reiseführern. Man kann sich ihnen getrost anvertrauen. Demjenigen, der Neapel allein sehen und überleben will – was voraussetzt, daß er im Lärm und

Schmutz einen gewissen Charme entdeckt –, sei geraten, sich einen Stadtplan zu beschaffen.
Auf diesem gäbe es folgende Richtpunkte oder Leitlinien: Vor der Stazione streckt sich lang und breit die *Piazza Municipio,* der Rathausplatz. In der Mitte sitzt auf dem Pferd König Viktor Emanuel II., der erste Herrscher des vereinigten Königreiches Italien. Am anderen Ende steht das Rathaus, gebaut Anfang des 19. Jahrhunderts. Hier hatte die Regierung des Königreiches beider Sizilien ihren Sitz. In die Fassade eingefügt ist die Kapelle *San Giacomo degli Spagnoli* aus dem Jahre 1540. In ihr liegt Don Pedro de Toledo begraben, der als der bedeutendste spanische Vizekönig Neapels gilt und die Kapelle auch bauen ließ.
Das *Castel Nuovo* über dem Platz heißt auch *Maschio Angioino.* Karl I. von Anjou ließ es in den Jahren 1279 bis 1282 als seine Residenz bauen. Da es damals bereits zwei Schlösser in der Stadt gab, das Castel dell'Ovo und das Castel Capuano, bekam es diesen Namen: Neues Schloß. Viele Jahrhunderte blieb es Residenz. Der Eingang liegt an der Westseite, dem Hügel San Elmo zugewandt, der diesen Teil Neapels überwacht. Das Renaissance-Portal ist ein mächtiger Triumphbogen für Alfons I. von Aragonien aus dem 15. Jahrhundert. Das Innere des Schlosses mit seinem Saal der Barone, den Gemächern des Vizekönigs und der Schloßkapelle aus dem 14. Jahrhundert ist zu besichtigen. Die graue Strenge der mächtigen Außenmauern und dicken Türme wird aufgelockert durch den echt neapolitanischen Blumenmarkt, der sich in den frühen Morgenstunden im Schloßgraben abspielt.
Auf dem Gang von der Piazza Municipio in östlicher Richtung erreicht man bald den *Corso Umberto* mit der Universität, der von der *Piazza G. Bovio* – mit Neptunsbrunnen in der Mitte – bis zur *Piazza Garibaldi* reicht. Auf diesem größten Platz Neapels steht in der Mitte Giuseppe Garibaldi. Am östlichen Ende liegt der hochmoderne Hauptbahnhof, die *Stazione Centrale,* mit einem eigenwilligen Schirmdach, gebaut 1959–60.
Nur ein paar hundert Meter weiter linker Hand liegen sich an der *Piazza Capuana* gegenüber die *Porta Capuana* – einst Haupttor der Stadt, um 1500 gebaut – und das *Castel Capuana,* das der Normannenkönig Wilhelm I. im 12. Jahrhundert baute und in dem im 13. Jahrhundert Kaiser Friedrich II. seine Residenz hatte. Auch hier herrscht pralles neapolitanisches Volksleben, vor allem auf dem Fischmarkt.
Von hier geht es weiter in südwestlicher Richtung zum Dom.

Der Dom, *il Duomo,* ist benannt nach Neapels Stadtheiligem San Gennaro. Das Blut des Heiligen, der im Jahre 305 in der Solfatara bei Pozzuoli von den Christenverfolgern enthauptet wurde, wird unter seiner Statue im Innern aufbewahrt. Es verflüssigt sich zweimal im Jahr, am ersten Sonnabend im Mai und am 19. September. Dies sind große Feiertage für die Stadt. In einer silbernen Büste befindet sich der Schädel Gennaros. Die Kirche wurde 1294 bis 1323 unter den Anjous Karl II. und Robert im gotischen Stil gebaut.
In sie einbezogen ist die noch ältere *Basilika Santa Restituta* aus dem 4. Jahrhundert, die älteste Kathedrale Neapels überhaupt. Hier liegt die heilige Restituta, die auf Ischia an Land getragen wurde. An der Stelle dieser Basilika stand in der Antike ein Apollo-Tempel. Von ihm sind 27 korinthische Säulen noch vorhanden.
Zwischen dem Dom und der *Via Roma* liegt ein Stadtviertel, das ganz dem Bild Neapels entspricht, das sich die Fremden machen, lange, ehe sie die Stadt gesehen haben. Die *Biagio dei Librai,* die zur *Piazza San Domenico Maggiore* führt, und die umliegenden Straßen werden im Volksmund gern *Spaccanapoli* genannt.
In dieser Gegend liegen auch die Kirchen *San Filippo Neri,* 16./17. Jahrhundert sowie die ebenso alte *San Paolo Maggiore* an der Stelle eines römischen Tempels, von dem noch zwei korinthische Säulen stehen. *San Lorenzo Maggiore* soll nach dem Willen von Karl I. von Anjou an den Sieg über die Hohenstaufen im Jahre 1266 erinnern. Die Kirche wurde 1324 fertiggestellt, 1731 durch Erdbeben schwer beschädigt; die heutige Fassung stammt von 1742. *San Domenico Maggiore,* gotisch, wurde im 13. Jahrhundert von Dominikanern gebaut. In ihr befinden sich 35 Grabstätten der Aragonesen und die »Verkündigung« von Tizian.
Die *Via Roma* ist eine der wichtigsten Geschäftsstraßen der Stadt, nicht etwa eine der billigsten. Geht man aber nur ein paar Schritte in eine der kleinen Seitengassen hinein, so hat man höchst unmittelbar wieder lebendiges, buntes und auch armes neapolitanisches Dasein vor Augen, Ohren und Nase.
Die Via Roma reicht hinter dem Rathaus oberhalb der Piazza Municipio bis zur *Galleria Umberto I,* wo der zweite Gang durch Neapel, der nach Osten, beginnen kann.

Enge Gassen prägen das Bild des alten, für die Bewohner kaum noch romantischen Neapel.

NA89
1708

Die Galerie stammt aus der Zeit um die Jahrhundertwende, man sieht es ihr an. Heute würde man so etwas Einkaufszentrum nennen. Sie ist ein beliebter Treffpunkt der neapolitanischen Männer für das, was die Norddeutschen einen Klönschnack nennen.
Dem südlichen Ausgang gegenüber liegt das *Teatro San Carlo,* gebaut 1727 und viele Male umgestaltet. Das Theater hat 3000 Plätze. Es war weltberühmt als große Stätte der Opera Buffa im 18. Jahrhundert.
An das Theater schließt sich an der *Palazzo Reale,* der Königspalast, knapp 400 Jahre alt, immer wieder umgebaut und 1943 durch Bomben schwer beschädigt. Er ist zu besichtigen. Hier wohnte Italiens letzter König Umberto II. als Kronprinz. 1946 mußte er nach der Abschaffung der Monarchie Italien verlassen. In den Nischen an der über 150 Meter langen Fassade stehen Herrscher Neapels aus den verschiedensten Häusern. Hier zeigt sich die bewältigte Vergangenheit dieser Stadt in einer Front, die man abschreiten kann.
Beginnt man links, so geht man vorbei an: Roger II. dem Normannen, Friedrich II. von Hohenstaufen, Karl I. von Anjou, Alfons I. von Aragon, Karl V. von Habsburg, Karl III. von Bourbon, Joaquim Murat, Viktor Emanuel II.
In diesem Hause dankte der letzte König des Königreichs beider Sizilien 1860 ab, es war Francesco II.
Im Palast ist die Nationalbibliothek mit über 1,3 Millionen Bänden untergebracht.
Gegenüber liegt die neoklassizistische Kirche von *San Francesco di Paola.* Sie wurde nach der Rückkehr der Bourbonen im vergangenen Jahrhundert dem Pantheon nachgebaut.
Durch die *Via Santa Lucia* kommt man vom Palazzo Reale schnell zur vielbesungenen *Santa Lucia* mit Brunnen und Bootshafen, einst Fischervorort, heute Auftakt zur Prachtstraße am Ufer mit den feinsten Hotels. Davor liegt das alte *Castell dell'Ovo.* Hier stand die Villa des Lukull, im 12. Jahrhundert wurde die Festung gebaut. So etwas Ähnliches stellt sie wohl heute noch dar. Jedenfalls bewohnt das Militär die Anlage, die man nicht besichtigen kann.
Im Westen schließt sich an die Prachtstraße *Via Caracciolo* mit dem Stadtpark *Villa Comunale.* In ihm liegt die von dem deutschen Professor Anton Dohrn 1877 begründete Zoologische Station. Sie hat Weltruf. Das Aquarium wurde während des letzten Krieges zerstört, ist aber wieder aufgebaut.
Es folgt der Hafen von *Mergellina,* an dem man im Stehen zur Erfrischung Austern essen kann. Auch von hier gibt es Bootsverbindungen nach Ischia.

Wenige Meter landeinwärts am Eingang zu einem Straßentunnel aus der Römerzeit und nahe den drei Verkehrstunneln, die durch den Posillipo führen, liegt das Grab des Vergil, *Tomba di Virgilio*. Es ist ziemlich sicher, daß dies nicht das Grab des Dichters ist. Als dieser im Jahre 19 vor Christus in Brindisi gestorben war, brachte man seinen Leichnam nach Neapel, wo er lange gelebt hatte. Es wurde überliefert, er sei in einem Grab beigesetzt worden, »das an der Straße nach Pozzuoli zwischen dem ersten und zweiten Meilenstein liegt«. Auch wenn die Tomba di Virgilio nicht die Originalausgabe ist, so handelt es sich hierbei immerhin um eine römische Familiengrabstätte aus jener Zeit, die in einer quadratischen Grabkammer viele Wandnischen zur Aufnahme von Urnen hat.
Gegenüber liegt die Kirche *Santa Maria di Piedigrotta*. Vor ihr wird in jedem September mit Prozession, Feuerwerk und viel neapolitanischem Gesang das populäre Piedigrotta-Fest gefeiert.
Der Hügel darüber ist der *Posillipo*, der den wohl berühmtesten Ausblick auf Neapel und den Golf mit dem Vesuv bietet. Von hier aus kann man sich den Rückweg vielleicht dadurch erleichtern, daß man sich das leistet, was aus Neapels Straßen auch heute noch nicht wegzudenken ist: die Pferdedroschke. Aber aufpassen: Preis vorher aushandeln!

Die bedeutendsten Altertumssammlungen der Welt

Museo Nazionale

In Neapel gibt es so vieles von dem, was man gesehen haben »muß«, daß man bei einem kürzeren Aufenthalt überhaupt nicht dazu kommt, alles zu schaffen. Manches bleibt auf Warteliste.
Mitten in der Stadt liegt das Nationalmuseum, *Museo Nazionale*. Es gehört zu den bedeutendsten Altertumssammlungen der Welt. Hier liegen die berühmten Funde aus Pompeji, Herculaneum und den anderen Ausgrabungen wie Cuma, Paestum, Pozzuoli. Die berühmte Antiquitätensammlung der Farnese gehört dazu, die Karl von Bourbon 1737 von seiner Mutter Elisabetta Farnese erbte.
Das Museum wurde 1586 gebaut, es sollte eigentlich eine Reitschule werden. Im folgenden Jahrhundert diente es als Sitz der Universität, 1777 wurde es in ein Museum umgewandelt.
Man braucht mindestens einen halben Tag, um überhaupt einen Überblick zu bekommen. Das Museum hat 61 Säle, von der *Galerie der Tyrannenmörder* mit Funden aus dem 5. Jahrhundert vor Christus

bis zum berühmten Mosaik *Alexanderschlacht* aus dem Hause des Faun in Pompeji. Dazu kommen weitere zehn Säle der *Sammlung der Großen Bronzen* mit den schönsten Funden aus Herculaneum und Pompeji.

Wo Paulus römisches Festland betrat

Pozzuoli, Campi Flegrei, Solfatara, Cuma

Hinter den Tunneln von Posillipo taucht *Pozzuoli* auf, 65 000 Einwohner, eine Stadt für sich, deren Bewohner teils von der Industrie, teils von der Fischerei leben. Es lohnt sich, den reizvollen Fischmarkt am Sonntag zu besuchen. Pozzuoli ist das römische Puteoli, wo Paulus gemäß Apostelgeschichte 28,13 im Jahre 62 zum ersten Male römisches Festland betrat. Dann kommt man in eine grün überwucherte Landschaft von Hügeln und Gärten, die *Campi Flegrei.*

Unter den zu besichtigenden Objekten ist die *Solfatara* einmalig, jedenfalls in Europa. Der »Kleine Vesuv« sagt man auch zu dem Krater, in dem Erde und Schlamm brodeln, hohe Säulen aus Schwefeldampf in der Luft stehen und in den Felsen bis zu 70 Grad heiße Höhlen mit Schwefeldampf liegen, in denen Kranke ihr Rheuma zu heilen versuchen. In diesem Krater wurde der heilige Gennaro hingerichtet.

An der Straßengabel Pozzuoli–Cuma liegt das *Amphitheater,* erbaut unter Vespasian im ersten Jahrhundert nach Christus.

Folgt man der Küstenlinie, kommt der *Monte Nuovo,* der einst als Vulkan aus dem Meer auftauchte. Dahinter liegt der *Lago d'Averno,* ein Kratersee.

An der Küste liegt *Baia,* das von den Römern als Luxusbad geschätzt wurde. Auch die römischen Kaiser labten hier ihre Körper. Es folgen südlich *Bacoli,* ebenfalls mit Zeugen aus der Zeit Roms, und *Miseno,* dessen Hafen ein Kratersee ist. Er war zur Zeit von Kaiser Augustus der wichtigste des Tyrrhenischen Meeres.

Im Westen an der Küste liegt *Cuma,* die älteste griechische Stadt der Kolonisatoren aus Griechenland auf dem Festland. Im Zentrum lag die Akropolis und die erst 1932 wiederentdeckte Höhle der Sibylle, die eines Tages nach Ischia emigrieren mußte.

Besuch am Kraterrand

Vesuv

Gewiß steht ein Besuch am Kraterrand hoch oben auf dem Vesuv heute für viele Besucher Neapels auf mindestens der gleichen Dring-

lichkeitsstufe wie die Ausflüge in die Vergangenheit. Er stellt auch kein Abenteuer mehr dar, interessant bleibt er dennoch.
Von Neapel kommt man über die Autobahn oder mit der Eisenbahn, *Circumvesuviana* genannt, sehr schnell zum Fuß des Berges, der zwei Gipfel hat. Einer ist 1132 Meter, der andere 1182 Meter hoch. Die Straße von Pugliano, die hinaufführt, ist glatt, elegant, kurvenreich und zügig zu befahren. Immer wieder begeistert der Blick zurück auf die große Stadt da unten und das weite Meer da draußen, bis man hinaufkommt in die weiten Hänge erstarrter Lava, die dann alle Aufmerksamkeit auf sich zieht.
Das letzte Stück zum Rand des Kraters muß zu Fuß bewältigt werden. Früher gab es einmal eine Sesselbahn, aber sie fährt nicht mehr, und niemand weiß, wann sie wieder fahren wird. Geredet wird schon seit Jahren davon. Vielleicht wird sie 1992 wieder da sein – wenn die Fußballweltmeisterschaft in Italien stattfindet. Man kann auch an anderer Stelle bis zum Rand hinaufgehen, was vom Parkplatz ungefähr zwanzig Minuten dauert. Das ist billiger. Am Kraterrand stehen die freundlichen Fremdenführer. Es gibt allerhand Möglichkeiten, Geschäfte zu tätigen, also Souvenirs zu kaufen. Man kann sich aber auch damit begnügen, einen Lavastein einfach vom Boden aufzuheben und in die Tasche zu stecken.
Die Aussicht auf Neapel und den Golf ist ohnehin kostenlos.
Zum letzten Male brach der Vesuv 1944 aus, kurze Zeit, nachdem die Deutschen unfreiwillig die Gegend verlassen hatten. Jetzt scheint er erloschen zu sein. Und doch dampft es noch unten auf dem Boden des Kraters.
Früher war der Vesuv sicher einmal zweitausend Meter hoch. Die wiederholten Ausbrüche verkleinerten ihn. Noch erkennt man den großen Rand des Kraters vom Ausbruch, dem Pompeji und Herkulanum im Jahre 79 zum Opfer fielen. Der Rand war zwölf Kilometer lang. Der Vesuv steht unter Beobachtung. Auf halber Höhe liegt das *Observatorium*. Denn niemand kann sagen, ob der Ausbruch von 1944 der letzte war.

Unter Lava und Asche begraben — *Pompeji, Herkulanum*

Auch Pompeji und Herkulanum sind nicht ohne Führer zu bewältigen. Die Führer sind wegen ihrer blumenreichen Sprache schon ohne die Ruinen ein Genuß, aber sie verhelfen tatsächlich zum Verständnis dessen, was man da in reicher Menge sieht.
Pompeji war eine Stadt der Nichtsnutze, der »Playboys«. Auf diese

Idee kann man jedenfalls kommen, wenn erklärt wird, welchen Freuden die verschiedenen Anlagen dienten. An einigen Stellen werden heute noch Damen vom Aufseher davor bewahrt, mit einem Pornoschreck oder -schock belastet Pompeji wieder zu verlassen. Nein, sie dürfen das Bild nicht sehen, auf dem die Stärke eines Mannes auf höchst simple Weise an seinen Körpermaßen dargestellt wird. Aber auch auf die leise angebotenen »Porno-Fotos« vor dem Tor sollte man nicht hereinfallen.

Im Jahre 79 wurde Pompeji verschüttet. Die 20 000 Bewohner waren sich nicht darüber im klaren, wie tödlich der Ascheregen war. Sie erstickten, und so mitten in der letzten Bewegung starben sie. Im kleinen Museum am Eingang wird das deutlich am Gipsabguß einer jungen Frau.

Und gewiß gehören auch diese Stätten zum großen Eindruck über die Antike, den man mit nach Hause nimmt:

Das *Forum,* der große rechteckige Platz, mit den öffentlichen Gebäuden, *Stadttor, Zeustempel, Tempel des Apoll.*

Die *Basilika,* die Versammlungshalle der Bewohner.

Die *Thermen* des Forums, das *Haus der vergoldeten Amoretten, das Haus des Fauns,* vor dessen Tür das Wort »Salve« steht.

Die *Casa dei Vetti* gehörte zwei Brüdern, Weinhändlern, die ganz offensichtlich keine Freunde von Traurigkeit waren.

Macellum war eine Verkaufshalle für Lebensmittel, die Tuchhändler saßen im *Edificio di Eumachia,* das *Amphitheater* hatte Platz für 20 000 Menschen, die größte Badeanstalt waren die *Terme Stabiane.* Und immer noch wird weiter ausgegraben.

Herculaneum, italienisch *Ercolano,* ging auch im Jahre 79 unter. Die Stadt war kleiner, hatte wohl 5000 Einwohner. Sie wurde, anders als Pompeji, das mit sechs Metern Asche bedeckt war, von einer 12 bis 30 Meter hohen Schlamm- und Lavadecke begraben.

Im Jahre 1709 wurden die ersten Ausgrabungen vorgenommen, systematisch wird erst seit 1927 gegraben. Die Arbeiten werden noch viele, viele Jahre dauern.

Die zerstörte Stadt und ihr Zerstörer: Pompeji und Vesuv.

Man sollte nicht vergessen, sich in Herculaneum anzusehen: die 400 Meter lange *Allee* am Eingang der Ostecke, die *Palestra,* die *Casa d'Argo,* eine Villa mit Garten und Säulenhalle, die *Thermen* des Forums, die *Casa a Graticcio,* ein Mietshaus mit Laden, Möbeln und Hausgeräten, die *Casa dei Cervi,* von dessen südlicher Terrasse man auf den Golf von Neapel sieht.

Ein Dank dem Breslauer August Kopisch *Capri*

Was wäre bloß aus *Capri* geworden, wenn nicht eines Tages im Jahre 1826 die beiden deutschen Maler und Schriftsteller August Kopisch aus Breslau und Ernst Fries aus Heidelberg auf die Idee gekommen wären, die Blaue Grotte auf Capri zu entdecken, besser zu durchforschen oder -schwimmen. Paul Buchner erzählt die nette Geschichte in seinem »Gast auf Ischia«.
Die beiden Deutschen wohnten beim Notar Don Giuseppe Pagano. Es war das einzige Haus auf der Insel, das Gäste aufnahm. Pagano ist also der Gründer der Capri-Hotellerie. Er erzählte seinen Gästen von einer geheimnisvollen Grotte an der Nordwestecke der Insel, in die man nicht hineinkommen konnte, weil hierfür jedes Boot zu hoch war. August Kopisch drängte und ließ nicht nach, bis eine Expedition mutiger Schwimmer zustande kam. Dies waren mit Kopisch an der Spitze der Kollege Fries, der Pensionswirt Pagano, dessen Sohn, und ein Fischer stellte das Boot. In der Kirche wurde eine Messe gelesen. Frau Pagano und Töchter beteten, alles ging gut. Die Grotte war entdeckt, Capris Fremdenverkehr hatte seinen Start. Auch den Namen erfand man gleich: *Grotta Azzurra* – Blaue Grotte.
Heute gehört die Fahrt zur Grotte – und dank der flachen Boote in sie hinein – zum allerersten Angebot, das dem Besucher Capris schon am Kai gemacht wird. Allerdings dürfen die Wellen nicht allzu hoch gehen, dann fallen die Fahrten aus. Immer noch ist die Einfahrt so niedrig, daß man vor dem Durchlaß in ein kleines Boot umsteigen und sich im Augenblick des Eintritts in die Höhle flach auf den Boden legen muß, um den Kopf zu schonen. Allein das ist schon ein wesentlicher Teil des Vergnügens des Besuchers in der Blauen Grotte. Im Innern schimmert es tatsächlich unwirklich, besonders wenn draußen die Sonne scheint. Das blaue Licht stammt aus der Reflexion des Himmelslichtes im weißen Sand auf dem Grund der Grotte. Nach diesem Erlebnis begibt man sich von der *Marina Grande,* dem Hafen, der Tag für Tag viele Touristen annimmt und entläßt, stracks hinauf

zur Stadt Capri. Das geht am einfachsten mit der *Funicolare,* der Zahnradbahn, die direkt vor der berühmten *Piazza* endet.
Hier befindet man sich dann mitten in dem Capri, in dem sich die seidene, wenn nicht goldene Jugend Europas amüsiert, auch die halbseidene und die weniger junge, dafür um so goldenere, die ewig weibliche, die männliche und die weniger männliche.
Dies alles beginnt allerdings erst richtig, wenn die Ausflügler – immerhin bis zu zwanzigtausend pro Tag – am Nachmittag wieder von der Insel verschwunden sind. In den lauen Nächten wird auf der Piazza bis zum Morgengrauen gefeiert.
Man kann Capri ganz und gar ernst nehmen. Dann überläßt man sich am besten einem der Guides, besteigt einen der herrlich schmalen Omnibusse, deren Maße der engen Straße angepaßt sind, und fährt erst einmal hinaus nach *Anacapri.* Früher mußte man 536 Stufen klettern, um dort hinaufzukommen. Die Treppe soll es schon zur Zeit der Phönizier gegeben haben. Die Straße, wieder ein Beispiel italienischer Straßenbaukunst, wurde erst im Jahre 1877 an den Felsen geklebt. Anacapri heißt nicht nur Lampions in den Bäumen und ein gutes Souvenirkaufhaus, sondern für den ernsten Besucher die *Villa San Michele* des schwedischen Arztes und Schriftstellers Axel Munthe. Der Schwede baute das Haus um die Jahrhundertwende an einer Stelle, an der einmal eine Villa des Tiberius gestanden haben soll. Er hat viele Kunstwerke gesammelt und dort aufgestellt. Das Haus gehört jetzt dem schwedischen Staat.
»Mein Haus muß offen sein für Wind und Sonne und die Stimme des Meeres wie ein Griechentempel, und Licht, Licht, Licht überall.« Das hat Axel Munthe gesagt. Er starb 1949. Dann wurde das Haus ein Museum. Über einhunderttausend Menschen kommen in jedem Jahr. Von der *Piazza della Vittoria* in Anacapri kann man in zwölf Minuten auf dem höchsten Berg der Insel sein, dem 589 Meter hohen *Monte Solaro.* Man muß dazu den Sessellift benutzen.
Capri bietet für jeden Geschmack etwas, beim Blick in die Schaufenster der Via Camerelle wird mancher hinzufügen: aber nicht für jeden Geldbeutel. Immerhin ist es auch hier möglich, in Zeiten des Ausverkaufs – italienisch »saldi« – ein Herrenhemd für 100,- statt 170,- DM zu bekommen.
Billiger ist der Bummel durch die engen Gassen »nur so«, der Espresso, das Glas Orangensaft (frisch gepreßt), vor allem, wenn man es im Stehen trinkt. Dann kostet es nur die Hälfte.
Auf Capri gibt es immer etwas zu sehen.
Von April bis Oktober dürfen keine fremden Autos auf der Insel

fahren. Dennoch gibt es eine Verkehrsampel – nach der sich kaum ein Fußgänger richtet.
Es gibt viele reizvolle Spaziergänge auf Capri. In 45 Minuten ist man von der Piazza bei der *Villa Jovis* auf der Spitze des *Monte Tiberio*. Die Villa war die größte und vornehmste Residenz des Kaisers Tiberius. Wie groß und vornehm, das wird deutlich, wenn man durch die mächtige Anlage läuft, die in Terrassen übereinander gebaut wurde. Die oberste, 92 Meter lange Terrasse war die Loggia des Kaisers. Unterhalb der Villa Jovis ragt ein Felsen über das Meer: der Salto di Tiberio. Von hier ließ der Kaiser, der „Timberio" der Capresen, Feinde ins Meer stürzen, bisweilen auch, so heißt es, unliebsam gewordene Geliebte. Für die Touristen wurde auf der kleinen Plattform ein Geländer angebracht.
Einen guten Überblick über die Südseite der Insel bieten die Gärten des Augustus. Man erreicht sie in zehn Minuten von der Piazza. Links am Weg liegt das älteste Bauwerk der Insel, die *Certosa* (Kloster) aus dem 14. Jahrhundert. Von der Aussichtsplattform der Gärten ist viel zu sehen: die Marina Piccola mit dem einen der drei Badestrände der Insel. Die beiden spitzen Felsen im Meer sind die Faraglioni. Auf einem der Felsen sollen himmelblaue Eidechsen leben. Die kleine Straße mit den vielen Windungen, die nach unten führt, ist die Via Krupp. Der alte Herr Krupp ließ sie auf eigene Kosten bauen. Seine Villa lag oberhalb der Gärten des Augustus. Heute ist sie ein Hotel. Die steile, senkrecht ins Meer fallende Wand rechts ist der Sage nach der Felsen der Sirenen. Hier hatte Odysseus seine Schwierigkeiten.
Auf dem Hang über der Marina Piccola zur Linken stehen Villen der Reichen dieser Welt. Ein Kontrast zu allem, was man hier sieht, ist das fast unauffällige Denkmal neben diesem Aussichtsplatz: eine Stelle, die 1970 nach heißen Debatten zur Erinnerung an Lenin aufgestellt wurde, weil er eine Zeitlang auf Capri sein Leben als Hauslehrer fristete und, wie man auf der Insel spöttisch sagt, seine Lieblingsspeise aß: Nudeln in Muschelform.
Um 18 Uhr werden die Gärten des Augustus geschlossen. Ihre Funktion als verschwiegener Treffpunkt von Herren, die gern unter

Capri lockt mit wildromantischer Kulisse, Blauer Grotte und mittäglich aufbrausender Geschäftigkeit, zum Zeitpunkt, an dem die Schiffe die Kurzbesucher an Land setzen.

sich bleiben wollen, treten sie dann an die Via Krupp ab, die sich am Abend stark belebt.
Im übrigen wäre festzuhalten: Capri besteht – anders als Ischia – aus Kalkfelsen. Es hat deshalb niemals die Sorgen mit der Wasserversorgung gehabt wie die benachbarte Insel und auch eine andere Vegetation. Die Insel war schon zu uralten Zeiten, im Paläolithikum bewohnt. Ihr Name kommt vermutlich vom griechischen *Kapros*. Demnach wäre Capri die Wildschweininsel. Man hat wirklich Spuren dieser Schweine gefunden.
29 vor Christus tauschte Augustus Capri von Neapel gegen Ischia ein. Sein Nachfolger Tiberius wohnte hier von 27 bis 37. Die Sarazenen verwüsteten Capri einige Male, aber sonst war es bis zur Entdeckung durch die Touristen ziemlich still.
Der kälteste Monat ist der Februar mit einer Durchschnittstemperatur von neun Grad, im August ist es durchschnittlich 23,7 Grad warm. Das Meerwasser kommt im Februar auf 14, im Mai auf 18 und im August auf 26,6 Grad.

Für oder gegen den Abschiedsschmerz — *Sorrent, Paestum*

Es gibt noch zwei Möglichkeiten, den Abschiedsschmerz von Ischia oder vom ganzen Golf zu lindern, vielleicht wird er aber dadurch noch größer. Man kann versuchen, nach *Sorrent* und *Paestum* zu fahren. Das ist technisch ganz einfach. Von Ischia gibt es regelmäßig Ausflüge nach Sorrent. Sie dauern rund zwölf Stunden. Über Neapel geht es – mit Aufenthalt in Pompeji – nach Amalfi mit der alten Kathedrale S. Andrea aus der Normannenzeit und dann via Positano nach Sorrent. Auch nach Paestum gibt es Ausflüge, allerdings nicht so oft. Paestum liegt noch reichlich 50 Kilometer weiter südlich.
Die Halbinsel Sorrent wurde schon von den Griechen und Römern geliebt, immer wieder hat sie seit jener Zeit Künstler begeistert. Das Leben soll hier stets heiterer verlaufen sein als an mancher anderen Stelle, was nicht sonderlich verwundert, wenn man sieht, wie die Zahl der Orangenbäume ohne Mühe die der Häuser übertrifft.
Trotzdem hat sich Richard Wagner hier mit Nietzsche auseinandergesetzt.
Sorrent war der Geburtsort des Dichters Torquato Tasso.
Auch die Tarantella hat Sorrent berühmt gemacht – oder umgekehrt.
Zu den alten Sehenswürdigkeiten in der Stadt gehören der *Dom* aus dem 15. Jahrhundert, dessen Fassade aber neu ist, die *Basilika des*

heiligen Antonius, der Schutzpatron der Stadt ist, mit einem Portal aus dem 11. Jahrhundert, und der *Sedile Dominova,* eine Loggia aus dem 15. Jahrhundert, Versammlungsstätte des Adels der Stadt.
Zu den Juwelen auf der Halbinsel Sorrent gehört auch *Positano,* an den Felsen geklebt inmitten von Orangen.
Die Weiterfahrt nach Paestum führt über *Salerno,* das auch schon sehr alt und trotzdem ein Handels- und Industriezentrum ist. Der bedeutendste Bau ist der 900 Jahre alte *Normannendom.*
Der südlichste Punkt der Reise ist ein Höhepunkt: *Paestum.*
Hier stehen die großartigsten griechischen Tempel auf italienischem Boden, der *Poseidontempel,* der *Cerestempel* und die *Basilika.*
Paestum wurde im siebenten Jahrhundert vor Christus von den Griechen als Poseidonstadt – *Poseidonia* – gegründet. Die Stadt war für den Handel günstig gelegen, sie wurde so reich, daß die Lukaner sie etwa 400 vor Christus eroberten, ihnen folgten 273 vor Christo die Römer. Im neunten Jahrhundert wurde Paestum verlassen, die Sarazenen griffen es zu oft an.
Im 18. Jahrhundert, beim Bau einer Straße, den der Bourbonenkönig Karl veranlaßt hatte, entdeckte man die alte Stadt.
Der *Poseidontempel* soll gar nicht Poseidon gewidmet sein, man gab ihm diesen Namen bei der Entdeckung vor zweihundert Jahren. Wahrscheinlich war er ein Tempel der Hera Argiva. Er ist der größte der drei dorischen Tempel, 60 Meter lang und 24 Meter breit und gehört zu den besterhaltenen der Antike überhaupt. Gebaut wurde er um 450 vor Christo.
Der *Cerestempel* ist wahrscheinlich fünfzig Jahre älter als der Poseidontempel, stammt also ungefähr aus dem Jahre 500 vor Christus. Auch er bekam seinen Namen im 18. Jahrhundert und gehört vermutlich nicht Ceres, sondern der Athene. Er mißt 33 mal 14,5 Meter. In seinem Inneren befinden sich drei Gräber aus dem Mittelalter, als man wohl den Tempel als Kirche benutzte.
Die *Basilika* ist der älteste Tempel und wirklich ein solcher. Zunächst hatte man vermutet, daß sie weltlichen Zwecken, also als Versammlungs- und Gerichtshalle, diente. Der Sockel des Tempels, der 54 Meter lang und 25,50 Meter breit ist, hat zwei Stufen. Ursprünglich gab es zwei Schiffe; das erkennt man an drei Säulen von sieben, die im Innenraum stehengeblieben sind.
Das ist das Ende der Reise zum Golf von Neapel. Recht besehen, gibt es vielleicht wirklich keinen besseren letzten Eindruck als den Blick auf diese drei großen Tempel in Paestum. Bestimmt aber gehört zu den letzten schönen Eindrücken der Blick zurück zum Epomeo.

Hier finden Sie's wieder

Bitte beachten Sie auch die Informationen auf den Seiten 9 bis 31.

7. Auflage 1989
Gesamtherstellung: LN-Druck Lübeck · Printed in Germany